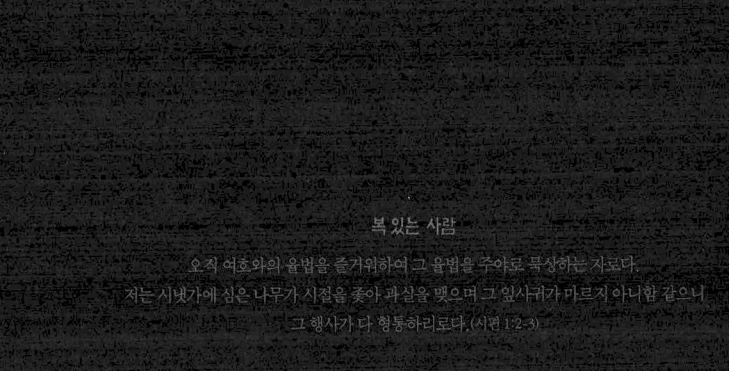

복 있는 사람

오직 여호와의 율법을 즐거워하여 그 율법을 주야로 묵상하는 자로다.
저는 시냇가에 심은 나무가 시절을 좇아 과실을 맺으며 그 잎사귀가 마르지 아니함 같으니
그 행사가 다 형통하리로다. (시편 1:2-3)

인간으로서 자아를 발견하고 충실히 살아가기 위해서는 자기 모습을 비춰주는 '의식의 거울'이 필요하다. 어떤 거울 앞에 서느냐에 따라 실재가 일그러지거나 온전히 드러나듯, 그리스도인의 삶에서도 영과 몸의 통합된 존재로서 자신을 왜곡 없이 비추어 줄 적절한 영적 도구가 요구된다. 로완 윌리엄스의 저술은 인간 존재가 가진 영속적 모습과 현대인의 독특한 영적 필요를 함께 포착하는 탁월한 신학적 통찰로, 학계와 대중 모두에게 꾸준히 높은 평가를 받아 왔다. 특히 『영혼의 참된 자유』는 동방 그리스도교 수도 전통의 핵심 개념인 '무정념'을 오늘의 언어로 새롭게 해석하며, 그것이 무감각이 아니라 참된 사랑의 능력임을 설득력 있게 드러낸다. 이 책은 인간의 왜곡된 '여덟 가지 정념'을 예수께서 가르치신 '팔복'이라는 거울에 비춰 조명함으로써, 삶의 깨어진 모습을 다채로우면서도 깊이 있게 진단하는 동시에 신앙인이 걸어갈 삶의 여정이 궁극적으로 어떠해야 할지를 제시한다. 더욱 깊어진 통찰과 예리해진 필치로 신학과 기도, 윤리를 통합하고, 개인의 수덕을 공동체적·사회적·정치적 실천으로 확장한 이 책에서, 로완 윌리엄스는 복음의 본래적 급진성과 포괄성을 익숙한 듯 전혀 새롭게, 꾸밈이 없는 듯 시리도록 아름답게 보여주고 있다.

김진혁
햇불트리니티신학대학원대학교 조직신학 교수

영혼의 참된 자유

Rowan Williams | Passions of the Soul

로완 윌리엄스 지음 ❉ 민경찬 옮김

영혼의

Passions
of
the Soul

초기
그리스도교
전통에서
바라본
—
인간의
여덟
가지
정념과
예수의
팔복

참된 자유

복 있는 사람

영혼의 참된 자유

2026년 4월 13일 초판 1쇄 인쇄
2026년 4월 20일 초판 1쇄 발행

지은이 로완 윌리엄스
옮긴이 민경찬
펴낸이 박종현

(주) 복 있는 사람
주소 서울특별시 마포구 연남동 246-21(성미산로23길 26-6)
전화 02-723-7183(편집), 7734(영업·마케팅)
팩스 02-723-7184
이메일 hismessage@naver.com
등록 1998년 1월 19일 제1-2280호

ISBN 979-11-7083-329-1 03230

차례

일러두기
• 이 책의 성경 본문은 『새번역』을 따랐다.
• 부록에 소개된 초기 그리스도교의 주요 교부 및 그리스도교 영적 지도자들에 관한 설명은
  옮긴이가 추가한 것이다.

서문

이 책의 초반부는 몇 해 전, 레스터셔에 있는 성공회 베네딕도 공동체인 성 십자가 수녀원Holy Cross Convent에서 진행한 일련의 피정 강의에서 비롯되었습니다. 공동체는 이 강의를 녹음해 두었고, 우스터셔에 있는 머크넬 수도원의 호의 덕분에 더 많은 이가 온라인을 통해 강의 내용을 접할 수 있게 되었습니다. 그리고 오랜 친구이자 제자인 마크 바버Mark Barber가 자원하여 이 강의를 녹취해 주었습니다(이에 관한 설명은 아래 실린 그의 글에 나와 있습니다). 덕분에 저는 이 자료들을 조금 더 정리된 형태로 다듬을 수 있었습니다. 아무도 알아주지 않는 이 고된 작업에 바버가 정성과 지성을 쏟아 도움을 주지 않았다면 이 책은 세상에 나오지 못했을 것입니다. 깊은 감사를 전합니다. 아울러 성 십자가 공동체와 원장 마더 메리 루크Mary Luke 수녀님의 따뜻한 환대와 친절에도 깊이 감사드립니다. 녹음본을 널리 배포해 준 머크넬 수도원과 수도원장님에게도 감사를 전합니다. 컨티넘 출판사의 로빈 베어드-스미스Robin Baird-Smith는 언제나 그랬듯 이 강의의 출판 가능성을 처음 논의할 때부터 아낌없는 격려를 보내 주었습니다.

이 책에서는 학문 영역에서 영적 삶을 다루는 초기 그리스도교 문헌을 해석할 때 자주 맞닥뜨리는 복잡한 문제를 전문적으로 논의하지는 않습니다. 하지만 저는 독자들에게 이 주제 뒤에 자리한 방대한 맥락을 어느 정도 보여주고자 했고, 이 주제를 더 깊이 연구해 온 전문가들의 접근 방식을 간접적으로나마 엿볼 수 있도록 참고 자료들을 충분히 제시하려 노력했습니다. 또한 '정념'passion에 관한 논의를 그리스도인의 정체성과 그 고유한 언어라는 더 넓은 사유의 틀 안에서 이해할 수 있도록 일반 독자를 위해 초기 그리스도교 사상의 맥락과 성격, 그리고 도덕적·영적 성숙에 관한 짧은 글 두 편을 덧붙였습니다. 초기 그리스도교 공동체는 영성이 신학과 분리되어 따로 발전한다고 생각하지 않았습니다. 우리는 그들에게서 언어와 상상력, 그리고 공동체의 차원으로나 개인의 차원으로나 자기 이해에 대한 다양한 도전을 불러일으킨 실천의 발전 과정을 봅니다. 흔히 말하듯, 그리스도교 교리는 신앙을 가진 남녀가 실제로 바치는 기도의 고유한 특성을 깊이 성찰하는 과정에서 독자적인 형태를 갖추게 되었습니다.

교리와 실천의 깊은 연관성은 영어권 세계에서 이 전통을 가장 탁월하게 해석한 인물 중 한 사람인 고故 디오클레이

아의 칼리스토스Kallistos of Diokleia 대주교의 삶에서도 분명히 드러납니다. 명확한 가르침과 실천이 어우러진 그의 모습은 저를 포함한 다양한 교파의 수많은 학생에게 지울 수 없는 영향을 남겼습니다. 저는 40년이 넘는 세월 동안 그를 멘토이자 친구로 모시고 살아가는 행운을 누렸습니다. 그는 생의 마지막까지 동방 그리스도교 영성의 위대한 지침서인 『필로칼리아』the Philokalia의 번역과 해설에 헌신했고, 그 작업은 앞으로도 많은 이에게 은총과 영감의 원천이 될 것입니다(그의 생애가 끝나갈 즈음, 『필로칼리아』의 마지막 다섯 번째 권이 출간되었습니다). 이 책을 대주교의 영전에 바칩니다. 아울러 제 친구이자 녹취자의 남편 분께도 이 책을 바칩니다. 그는 물심양면으로 변함없고 헌신적인 지원을 아끼지 않았습니다.

로완 윌리엄스
2023년 부활절 기간 카디프에서

마크 바버의 글

제가 로완을 처음 만난 건 1979년이었습니다. 당시 저는 케임브리지 신학과 학생이었는데 그가 강의 시작 전 기도하는 모습을 보고 동기들과 적잖이 당황했던 기억이 납니다. 그 후 2학년 때 그는 제 신학사 논문 지도교수가 되었습니다. 저는 일주일에 한 번씩 아우구스티누스 같은 특정 신학자에 관한 글을 써서 그를 찾아갔지요. 그때만 해도 저는 제 앞에 있는 사람이 훗날 아우구스티누스, 아빌라의 테레사를 비롯한 여러 신학자의 권위자가 되리라고는 상상하지 못했습니다.

　우리는 거의 40년 동안 연락이 끊겼습니다. 그 사이 저는 불가지론으로 표류했고 심각한 신경쇠약을 겪었습니다. 극도로 메마른 사막 한가운데로 내몰렸지요. 그러다 3년 전, 그의 책 『우리와 함께하시는 하나님』*God with Us*의 한 구절을 읽다 저는 그 사막에서 건져 올려져 생명의 물이 있는 웅덩이로 들어갔습니다.

❖　내가 주는 물을 마시는 사람은 영원히 목마르지 아니할 것이

다. 내가 주는 물은 그 사람 속에서 영생에 이르게 하는 샘물이 될 것이다(요 4:14).

❖ 오, 주님께서 사마리아 여인에게 말씀하셨던 그 생명의 물을 얼마나 자주 떠올렸는지······저는 주님께 그 물을 달라고 자주 간청하곤 했습니다(아빌라의 테레사, 『자서전』*The Life of Teresa of Jesus* 30장).

❖ 네가 소유하지 못한 그것을 가지려면, 너는 무소유의 길로 가야 한다(T.S. 엘리엇, 「이스트코커」*East Coker*, 십자가의 요한 『가르멜의 산길』 1.13 인용).

로완은 십자가의 요한이 한 말을 풀어서 제게 이렇게 말해 주었습니다.

❖ 영혼의 어두운 밤은 지성이 신뢰로, 기억이 희망으로, 의지가 사랑으로 변화되는 과정입니다. 저는 이 밤을 '모래시계'에 빗대곤 합니다. 우리 일상의 정신과 감정의 과정들이 일종의 블랙홀로 빨려 들어갔다가 전혀 다른 우주로 빠져나오는 것이지요. 그곳에서 우리는 하나님을 향해 새롭게 열리게 됩니다.

13

이제 저는 사도 바울과 함께 이렇게 고백할 수 있기를 바랍니다.

❖ 나는 그리스도와 함께 십자가에 못박혔습니다. 이제 살고 있는 것은 내가 아닙니다. 그리스도께서 내 안에서 살고 계십니다. 내가 지금 육신 안에서 살고 있는 삶은, 나를 사랑하셔서 나를 위하여 자기 몸을 내어주신 하나님의 아들을 믿는 믿음 안에서 살아가는 것입니다(갈 2:20).

그 후 로완과 저는 단순한 스승과 제자를 넘어 가까운 친구가 되었습니다. 저는 영적 삶의 거장은 아니지만, 기도와 성경 묵상, 그리고 위대한 영성가들(특히 스페인의 신비가인 아빌라의 테레사와 십자가의 요한)의 글을 통해 조금은 성장했다고 믿습니다.

그래서 저는 '무정념'apatheia, 곧 정념으로부터의 자유와 무정념이 팔복과 맺는 관계를 다룬 이 강의를 접하자마자 단번에 알아보았습니다. 오랜 세월 성찰과 사목 경험을 통해 얻은 영적 지혜의 심오한 정수라는 사실을 말이지요. 로완은 제가 강의를 녹취하고 이를 책으로 엮어 내는 것에 기꺼이 동의했습니다. 부디 이 책이 저에게 그러했듯 독자분들을 예수의 지극히 거룩한 마음으로 더 가까이 이끌어 주기를 바랍니다. 그분의 찔린 옆구리에서 피와 물, 교회에서 누리는 성사적 생명의 샘이 흘러나옵니다.

마크 바버
2022년 미카엘 축일 즈음 밴버리에서

마크 바버의 글

서론: 자유를 배우기 위한 전통

동방 수도 세계는 평생에 걸쳐 하나님과 세상을 향해 눈을 뜨는 여정
을 시작하려면 무엇을 해야 하는지를 분명히 알고 있었습니다. 하나
님을 관상하기 전 인간은 먼저 자기 자신을 알아야만 한다고, 자기를
중심으로 일어나는 환상 없이 피조물 전체와 건강하게 관계 맺는 능
력을 길러야 한다고 생각했지요.

언젠가부터 영성spirituality에 관한 책들이 끊임없이 쏟아져 나오고 있습니다. 하지만 초기 그리스도교 시대를 살았던 이들에게는 그런 책들이 다루는 이야기가 무척 낯설게 여겨졌을 것입니다. 당시 사람들에게 영성이 없었다는 뜻이 아닙니다. 적어도 동방 수도 세계는 평생에 걸쳐 하나님과 세상을 향해 눈을 뜨는 여정을 시작하려면 무엇을 해야 하는지를 분명히 알고 있었습니다. 하나님을 관상하기 전 인간은 먼저 자기 자신을 알아야만 한다고, 자기를 중심으로 일어나는 환상 없이 피조물 전체와 건강하게 관계 맺는 능력을 길러야 한다고 생각했지요. 이를 위해 수도 세계에서는 인간을 왜곡하고 파괴적인 행동으로 이끄는 내면의 반응을 진단하는 훈련을 고안했습니다. 그리고 이러한 분별력을 기를 수 있게 해주는 도구들을 설명하는 수많은 저작이 등장했지요.

물론 이 저작들이 어떤 체계적인 교과 과정을 제시하지는 않았습니다. 어떤 저술가들은 초조하게 생각 많고 지성을 앞세우는 이들뿐만 아니라 단순하고 꾸밈없이 살아가는 이들에게도 깨달음이 찾아올 수 있다고 말하기도 했지요. 그럼에도 불구하고 당시 수도 세계에 속한 이들은 일정한 합의를 이루고 있었습니다. 하나님을 향한 관상의 여정이 단지 '나'를 만족시키는 기분 좋은 경험을 좇는 탐색이 되지 않으려면,

서론: 자유를 배우기 위한 전통

내가 어떤 사람이 되어야 하는지를 성찰하는 데 도움을 주는 일정한 틀이 필요하다고 말이지요.

동방 수도 세계에서 전해 내려오는 문헌은 정말 방대합니다. 이집트 사막의 남성, 여성 수도자들이 남긴 짧은 격언과 일화들부터 시작해 이후 수백 년에 걸쳐 나온 더 자세하고 깊이 있는 편지와 논문들에 이르기까지 다양하기 이를 데 없지요. 이 문헌들은 놀라울 정도로 여러 세대를 거치면서도 연속성과 일관성을 유지해 왔습니다. 그렇기에 18세기 그리스의 유명한 선집『필로칼리아』의 글들을 모은 이들도 그것들을 단순한 사상의 나열이 아닌, 거의 끊어지지 않은 일련의 가르침으로 여겼지요. 발칸반도와 러시아에서『필로칼리아』를 널리 받아들였다는 사실을 고려하면 수도 서원을 한 이들만이 가르침에 매력을 느낀 것이 아님을 알 수 있습니다. 신자들도『필로칼리아』에 나오는 인간 이해의 여러 측면을 받아들이며 자신도 의식하지 못한 동기나 자기 자신만 만족하려 하는 신앙 태도에 건전한 의심을 품는 법을 익혔습니다. 이 본문들이 그리는 자유롭고 깨어 있는 삶의 모습과 전망은 현대 사회의 여러 문제를 날카로운 비판의 시선으로 볼 수 있는 관점을 제공합니다. 탐욕의 작동방식, 인간의 자율성이라는 신화, 자신이 물질세계로부터 떨어져 나올 수 있다는 환상, 이런 신화와 작동방식에 도전하는 목소리들을 어떻게 침묵시키고 비인간화하는지 말이지요. 그러한 면에서 오늘날 세계의 가장 쓰라린 아이러니는 이런 전통의 흔적이 가장 깊이 새겨진 문화라고 할 수 있는 러시아 그리스도교 세계가 정작 『필로칼리아』의 본문들이 가장 분명하게 지적했던 그 환상들에 너무나 깊게 사로잡혀 있다는 점입니다.

　　오늘날 서구 그리스도인들이 소화하기에 이 문헌들이 그리 쉽지 않다는 사실은 부인할 수 없습니다. 어휘들이 낯설게 느껴질 수도 있고 신앙을 표현하는 수사들도 익숙하지 않습니다. 자료의 양도 상당하지요. 지금부터는 동방 그리스도교 전통에서(본문들에서는 '깨어 있음'wakefulness이라고 부르는) 자기 인식을 발전시키는 독특한 과정을 간략하게나마 살펴보려 합니다. 이 과정은 침묵 가운데 하나님께 자신을 내어 드리고 겸손하고 진실하게 그분을 사랑하기 위한 준비 단계이기도 합니다. 복잡하면서도 풍요로운 유산의 표면만 살짝 훑는 정도에 불과하지만, 그 유산으로 나아갈 수 있는 문 하나둘쯤 열 수 있기를 바랍니다. 독자들이 좀 더 친숙한 연결 고리를 찾을 수 있도록 저는 동방 수도 전통에서 쓰는 자기 진단의 범주들을 마태복음에서 예수께서 선포하신 팔복과 연결해 성찰해 보도록 하겠습니다. 팔복은 하나님 나라를 의식

서론: 자유를 배우기 위한 전통

하며 살아가는 삶이 어떤 모습인지를 그린 일종의 소묘라 할 수 있습니다. 인간 '영혼의 정념들'은 혼란스럽고 격렬합니다. 그렇기에 생명을 돋을 수도 있고 파괴나 중독으로 이어질 수도 있는 이중성을 지니고 있지요. 그러한 측면에서 이 정념들에 대한 동방 수도 전통의 분석은 하나님 나라를 알아볼 수 있는 감각, 하나님 나라가 우리에게 요구하고 약속하는 바를 알아차리는 감각을 더 예민하게 해줄 것입니다.

초기 그리스도교 영성의 핵심 주제 중 하나는 '무정념'apatheia입니다. 영성을 이야기하면서 이 단어를 출발점으로 삼는 건 조금 이상하게 보일 수 있습니다. 이 단어가 '무관심'apathy처럼 들리기 때문이지요. 실제로 무관심이라는 단어도 여기서 유래했습니다. 여기에 이해의 첫 번째 난관이 있습니다. 그리스도인의 삶의 목표가 '완전히 무관심해지는 상태'라는 생각은 교회에 갔다가 과도한 관심으로 인해 불쾌한 경험을 했던 일부 사람들에게는 그럴듯하게 들릴지도 모르겠습니다. 하지만 이는 초기 수도 스승들이 의도했던 뜻이 전혀 아닙니다. 이 개념은 초기 그리스도교인들의 (그리고 오늘날까지도 동방 그리스도교 세계의) 영성 이해에서 매우 중요한 역할을 하기에, 이 말이 등장하는 몇몇 위대한 본문들을 살펴보고 그 뜻을 곱씹어 보는 것이 필요합니다. 이 개념을 좀 더 분명

영혼의 참된 자유

하게 이해할 수 있는 핵심 사상들이 그 안에 담겨 있기 때문입니다.

예를 들어, 초기의 일부 주요 작품들*에서는 무정념의 상태를 부활의 선취라고 이야기합니다.** 또 어떤 글에서는 무정념이 사랑과 결코 분리될 수 없다고도 말하지요.*** 어떤 글에서는 그리스도인의 자유의 본질로 그리기도 합니다.**** 6세기 교부인 포티케의 디아도코스Diadochos of Photike 의 짧은 글 하나를 살펴볼까요. 이 글은 초기 저술가들이 무정념을 이야기할 때 무엇을 염두에 두고 있었는지를 잘 보여줍니다.

❖   어떤 사람이 계명들을 지키며 자라기 시작하는 가운데 주 예

---

*   여기서 언급하는 참고문헌은 대부분 18세기 그리스에서 편찬한, 동방 그리스도교 세계의 영적 성숙에 관한 고전 자료들을 집대성한 위대한 선집인 『필로칼리아』*Philokalia*를 가리킨다. '필로칼리아'는 '선, 또는 아름다움에 대한 사랑'을 뜻한다. 영어판은 G. E. H. 파머G. E. H. Palmer, 필립 셰라드Philip Sherrard, 칼리스토스 웨어Kallistos Ware가 번역하여 총 5권으로 출간되었다. *Philokalia* (London: Faber and Faber, 1979-2023). 『필로칼리아』(은성).

**   예를 들면, *Philokalia* I, p. 307.

***   예를 들면 *Philokalia* I, pp. 53, 62; *Philokalia* II, pp. 23, 317.

**** 예를 들면, *Philokalia* II, pp. 79, 314 and pp. 103-104. 이 부분들은 '무정념'이 어떻게 만물에 대한 참된 평가, 즉 소유욕에서 완전히 자유로운 보편적인 사랑과 존중을 가능하게 하는지를 강조한다.

서론: 자유를 배우기 위한 전통

수를 끊임없이 부르면 하나님께서 주시는 은총의 불이 마음 깊은 곳을 넘어 감각을 담당하는 바깥 부분까지 퍼져 나간다. 영혼의 들판에 있는 가라지들을 태워 버린다. 그 결과 악마의 공격은 더는 영혼 깊은 곳까지 파고들지 못한다. 정념에 종속된 부분만 겨우 건드릴 뿐이다. 마침내 수도자가 모든 덕을 갖출 때, 특히 모든 소유를 완전히 내려놓을 때 은총은 그의 온 존재를 더 환히 비추고 그는 이를 더 깊이 깨닫게 된다.*

이런 상태는 분명 '무관심'과는 거리가 멉니다. 또한 이 글에서 우리는 정념으로부터의 자유라는 이상이 새로운 깨달음, 맑은 시선과 연결된다는 점을 주목할 필요가 있습니다. 동방 영성 전통의 초기 저술가들이 하는 말에는 보통 우리 마음과 영의 상태, 습관이 사물을 명확하게 보지 못한다는 생각이 깔려 있습니다. 이 점은 서방 전통도 마찬가지입니다. 언젠가 아우구스티누스 Augustine of Hipppo 는 우리 안에 있는 악이

---

* *Philokalia* I, p. 285. 여기서 디아도코스가 예수의 이름을 부르는 것의 중요성을 언급했다는 사실을 주목해서 볼 필요가 있다(그는 기도에 몰입하기 위한 기초로서 예수의 이름을 반복해서 부를 것을 권장한 가장 초기의 저술가 중한 사람이다). 또한 내면의 자유가 우리 육체의 감각을 생생하고 맑게 만든다는 통찰도 중요하다(예를 들면 같은 책 259쪽과 비교해 보라).

우리의 정신을 왜곡한다고 말했지요. 우리는 사물을 알아야 하는 바대로 알지 못하고 보아야 하는 바대로 보지 못합니다. 이 책에서는 동방 수도 전통 본문들이 정념을 어떻게 분석하는지를 살펴보려 합니다. 그리고 이러한 분석이 어떠한 방식으로 우리의 시선과 지각을 맑게 해주는 문을 열어 주는지도 이야기해 보려 합니다. 또한, 이런 맑은 시선이 진실하게 사랑하는 데 필요하다는 점을 더 깊이 헤아려 보려 합니다. 처음에는 조금 낯설게 들릴 수도 있겠지만, '진실한 사랑'truthful love은 '정념'과 그로부터의 해방을 이해하는 열쇠입니다.

이 책에서 살펴볼 문헌들은 대부분 기원후 450년경부터 750년 사이에 지중해 동부 지역에서 쓰였습니다. 방대한 자료들이지요. (전부는 아니지만) 주로 지역 수도 공동체에서 은둔 생활을 하는 이들을 대상으로 삼고 있습니다. 이 시기 관상 수행을 대변하는 사람 중 가장 대표적인 인물은 399년 세상을 떠난 폰투스의 에바그리우스Evagrius of Pontus입니다. 다소 논란의 여지가 있는 인물이지요. 그의 사상 중 일부는 그리스어권 교회들에서 논란을 낳아 평판을 떨어뜨렸습니다. 그래서 에바그리우스의 글은 예상치 못한 곳들에서 다른 저자의 이름으로, 그리스어가 아닌 다른 언어의 글로 발견되기도 합니다. 덕분에 본래 본문이 금지되거나 사라졌을 때도 살아남을 수 있었지요. 한 가지 중요한 가르침에서 그는 우리가 주변 사물을 보거나 인식하는 것에는 여러 방식이 있다고 말합니다. '천사처럼' 보는 방식, '인간처럼' 보는 방식, '악마처럼' 보는 방식이지요. 천사처럼 보는 방식은 사물을 있는 그대로, 달리 말하면 하나님의 손에서 나온 그대로 보는 것입니다. 어떤 면에서는 선禪 사상에서 이야기하는 명료함으로 우리 앞에 놓인 세상 그대로를, 오직 하나님의 창조 활동에만 집중한 채 그 실재성 속에서 빛나는 것을 지각하는 것이지요. 악마처럼 보는 방식은 그 반대입니다. 소비주의 관점 아래 세계를 일종의 대형쇼핑센터로 여기고 주변의 사물들을 경험하고 평가하지요. 이 관점에서는 '나'에게 얼마나 유익한지만을 따집니다. 그 대상에 나의 바람과 환상을 투사한 것 외에 그 자체로는 아무런 의미가 없다고 여기지요. '그게 무엇인지는 상관없어. 나한테 무엇을 해줄 수 있느냐만 중요해'라고 생각하는 태도입니다. 마지막으로 인간처럼 보는 방식은 이 둘 사이를 오가는 방식입니다. 양극 사이에서 흔들리며 사물을 제대로 보려 애쓰지만, 끊임없이 자기중심의 시선으로 미끄러지곤 하지요. 세계를 '자아'ego라는 가방에 꾸역꾸역 밀어 넣게 되는 것입니다.*

에바그리우스 같은 이는 우리가 천사처럼 보는 방식을

지향해야 한다고 이야기했습니다. 오해를 피하기 위해 분명히 해둘 것은 이 말이 우리가 인간이기를 그만두어야 한다는 뜻이 아니라는 점입니다. 우리가 천사처럼 자유 가운데 살 수 있을 때야말로 가장 적절하게, 가장 온전히 인간답게 될 수 있다는 뜻이지요. 이러한 상태로 성장하지 않으면, 우리는 점점 인간 이하의 상태로 미끄러져 내려갑니다. 에바그리우스 외 수많은 영적 스승이 우리에게 반복해서 이야기합니다. 영적 삶을 사는 가운데 성장하지 않으면 우리는 쪼그라들게 된다고 말이지요. 그냥 가만히 서 있을 수는 없습니다. 아빌라의 테레사Teresa of Ávila는 한 사람의 영이 자신의 중심을 향해 가는 여정의 세 번째 단계를 묘사하면서 "계속 나아가든지, 뒤로 물러서든지 둘 중 하나다. 당신은 그냥 가만히 서 있을 수는 없다"고 말합니다.** 그녀에 따르면, 한 사람이 영적으로 자라고 깨달아가는 과정에는 유혹이 찾아오는 특별한 지

❖   다음을 보라. Evagrius, 'On Thoughts', 8장. 영문판은 다음 책에 수록되어 있다. A. M. Casiday, Evagrius Ponticus (London: Routledge, 2006), pp. 95-96.

❖❖   Teresa of Ávila, *The Interior Castle*, in *The Collected Work of St Teresa of Avila*, translated by Kieran Kavanaugh and Otilio Rodriguez (Washington, DC: Institute of Carmelite Studies, 1980), III.2, pp. 309-315. 『영혼의 성』(바오로딸).

점이 있습니다. 바로 멈추고 싶을 때, '이제 어느 정도 수준에 올랐으니 이대로 굴러가게 두자'라는 생각이 들기 시작할 때 지요. 테레사는 바로 그때를 조심해야 한다고, 그렇게 생각하는 순간 이미 뒤로 미끄러지고 있는 것이라고 말합니다. 우리는 언제나 영적 안전지대를 넘어서 계속 성장해야 한다고, 성장하지 않으면 쇠퇴하는 것이라고 말하기도 했지요. 멈춘다면, 이는 여정의 기준을 하나님의 부르심이 아닌 자신의 만족감이나 성취감으로 삼는 것이기 때문입니다. "이 정도면 이제 충분히 인간다워진 것 아닐까"라고 말하는 순간, 우리는 영 안에서 이루어지는 성장을 일종의 소유물, 확정되고 제한된 무언가로 여기는 것입니다. 이 길은 악마처럼 보는 방식으로 가는 확실한 길입니다. '나'의 필요와 기분이 현실의 기준이 되기 때문입니다. 진정 인간다운 삶은 자기 자신을 넘어서고 확장해 하나님이 우리에게 바라시는 맑고 넓은 시선을 향하는 삶, 우리가 속해 있는 이 세상을 천사처럼 바라보는 방식을 향해 나아가는 삶입니다.

이런 관점을 제대로 이해하려면 우리는 초기 그리스도교 영성 전통이 인간의 내면을 어떻게 생각했는지 잠시 되짚어 볼 필요가 있습니다. 그리스도교 신학의 가장 근본적인 출발점으로 돌아가 보는 것이지요. 하나님이 계시고 (우리를 포함한) 피조물이 있습니다. 그런데 왜 피조물이 있는 걸까요? 그분은 스스로 충만하시고, 완전하시며 하나님이 되기 위해 그 무엇도 필요로 하지 않으십니다. 그렇다면 하나님이 아닌 것이 존재하는 이유는 하나님이라는 넘치는 기쁨이 그 기쁨을 나누고자 하는 일종의 열망을 지녀서, 달리 말하면 안에서부터 밀고 나오는 사랑의 압력을 받아서라고 상상할 수밖에 없습니다. 이 상상이 옳다면, 피조물이 존재하는 유일한 이유는 하나님의 사랑이 자신의 경계를 밀어내 그 바깥으로 나왔기 때문입니다. 하나님의 사랑에 담긴 논리는 이렇습니다. 하나님께서 하나님이 아닌 존재 안에서도 당신의 생명이 흐를 수 있도록 당신을 쏟아 내 주시는 것입니다. 아무런 대가 없는, 순전한 선물의 움직임이라 할 수 있지요. 그래서 세상은 성스러운 삼위일체가 누리는 사랑을 반영하고 나누도록, 하나님의 말씀으로 존재하게 되었습니다. 성스러운 삼위일체가 함께 나누시는 이 사랑은 (요한복음에서) 예수께서 최후의 만찬 때 드리신 고별 기도에 비추어 보면 영광을 바라보는 것과 깊이 관련되어 있습니다. 요한복음의 저 대목에서 깊은 울림을 주는 예수의 말씀을 기억해 보십시오. 곧 제자들 역시 "창세 전에 내가 아버지와 함께 누리던 그 영광"(요 17:5)을 함께 나누게 해달라고 간구하시는 그 기도 말입니다. 예수

서론: 자유를 배우기 위한 전통

께서는 이 나눔을 위해 아버지께 기도하셨습니다. 곧 겪게 될 고통, 자기를 비우는 고통을 통해 그분은 이 영광을 우리와 나누고자 하셨습니다. 그리고 부활을 통해 이 영광이 우리에게 선물로 주어졌습니다. 그러니 여러분과 제가 존재하는 가장 근본적인 이유는 영광을 나누기 위해서입니다. 믿기 어려울지 모르지만, 우리는 영광을 보고 나누기 위해 창조되었습니다.

동방 수도 전통의 스승들은 하나님의 영광과 기쁨을 보고 나눌 수 있는 이 능력이, 또는 그러한 길로 부름받았다는 사실이 우리 인간성의 핵심에 있다고 말합니다. 이 능력은 다양한 이름으로 불리는데, 그리스어로는 '누스'nous가 가장 일반적입니다. 때때로 이 말은 '지성'intellect이나 '정신'mind으로 번역되곤 합니다. 하지만 이런 번역은 누스에 대한 커다란 오해를 불러일으킵니다. 누스는 우리가 흔히 말하는 지성, 우리가 대학교에 들어가게 해주는 그런 지적 능력을 뜻하지 않습니다(몇몇 분들에게는 아쉬운 소식일지도 모르겠지만, 옥스퍼드나 케임브리지 대학교에 들어가게 해주는 능력은 천국에 들어가는 것과는 별다른 관계가 없습니다). 차라리 이 말은 우리가 지닌 '직감', 곧 실재하고 참된 것을 보고 사랑하게 되는 '본능'으로 이해하는 게 낫습니다. 진짜를 알아보는 감각, 진짜에 끌리게 되는 성향 말이지요. 누스는 우리 존재의 중심에서 하나님을 향해 나아가는 능력입니다. 하나님이야말로 어떠한 조건도 없이 실재하시는 분이기 때문입니다. 그래서 그리스어로 쓰인 그리스도교 문헌에서 누스는 우리 안에 있는 '하나님의 형상'image of God과 동의어로 쓰일 때가 많습니다. 물론, 이는 하나님의 형상이 몸보다는 정신에 있다는 뜻이 아닙니다. 유한한 인간 주체인 우리의 중심에는 하나님을 향해 끌리는 움직임이 있다는 뜻입니다. 자석이 다가오면 철가루가 이를 향해 움직이듯, 땅속에 있던 지렁이가 (그 너머에 무엇이 있는지 몰라도) 땅 밖으로 나와 빛을 향해 나아가듯 우리는 하나님께 이끌립니다.

즉 누스는 관조하는 능력, 가장 참된 실재, 성스러운 삼위일체 하나님의 생명을 바라보고, 사랑하고, 흡수하고, 그에 의해 변화될 수 있는 능력입니다. 이 능력이야말로 우리를 인간답게 만듭니다. 하지만 여기에는 숨겨진 조건이 하나 있습니다. 이 능력은 시간이 흐름에 따라 우리 안에서 자라고 성숙합니다(우리가 시간을 살아간다는 것은 우리가 한계가 있으며 의존적인 존재라는 사실의 일부입니다). 우리는 다른 이들과 관계를 맺고, 다양한 상황에 응답하고, 유동하고 변화하는 환경에 대처하면서 이 능력을 키워 나갑니다. 우리 존재의 중심에 있는, 실재를 향한 이 깊은 갈망과 능력은 오직 그런 맥락 속에서만 자라고 발달할 수 있습니다. 우리가 창조되었다는 것은 바로 그런 의미를 지니고 있기 때문입니다. 하나님께서는 시작도, 끝도 없고 불변하는 당신과 다른 끊임없이 변화하고 서로 영향을 주고받는 세상을 창조하셨습니다. 놀랍고도 곤혹스러운 사실은 이 변화하는 세상, 다양하고 상호 의존하며 움직이는 세상이 하나님의 변치 않는 생명을 반영한다는 것입니다. 하나님께서는 우리가 무수한 제약과 도전 가운데 가장 깊은 자유를 향해 성장하도록 세상을 빚으셨습니다. 이는 악의 문제나 궁극적으로는 창조 자체의 이유, 또는 유한자와 무한자 사이의 인과관계 같은 문제들에 대해서도 시사하는 바들이 있습니다만, 그런 주제들을 다루기 위해서는 책 한 권을 따로 써야겠지요. 이 모든 논의는 우리가 유한하고 변화하는 세상에서 산다는 것이 무엇인지 이론으로 조망하려 할 때 무척이나 중요합니다. 하지만 여기서는 우리 존재의 핵심에 충실한 삶을 살아가는 삶의 기술에 집중하고자 합니다. 우리는 특별한 역설에 주목해야 합니다. 우리 존재의 가장 깊은 곳에 있는 밝고 빛나는 능력은 우연과 변화 가운데 비로소 작동하며, 구체화된다는 것이지요. 바로 이 지점에서 삶은 복잡해지기 시작합니다.

우리는 변화와 우연을 마주하고 거기에 응답합니다. 우리 안에는 진짜, 참된 것, 실재를 향한 그리움과 끌림이라는 깊은 중심이 있습니다. 그리고 그 중심 주위에는 우리를 둘러싼 환경 및 그 속에서 부딪히는 상황에 우리가 반응하게 하는 하나의 체계가 있습니다. 우리는 영혼과 몸으로 우리가 처한 상황에 반응하는 법을 익힙니다. 세상에서 살아남기 위한 기술을 익히고, 그 과정에서 우리가 구성한 심상과 개념들을 통해 세상을 헤쳐 나가는 일관된 전략들을 개발하기도 합니다. 그렇게 우리에게는 변화하는 세상에 본능적으로 대응하며 살아가는 반응의 층위가 있습니다.

바로 이 층위, 우리에게 오는 자극들에 대한 반사적인 대응의 층위에서 가장 심각한 문제들이 일어납니다. 우리는 이러한 본능들을 통해 길을 찾아가야 하지만, 이들이 어떻게 작동하는지 성찰하지 않으면 이 본능들은 오히려 우리의 온전한 인간성에 방해가 될 수 있습니다. 우리 존재에 자리한 이 층위를 수도자들은 '파토스'pathos, 곧 '정념'passion이라고 불렀습니다. 여기서 다시 한번, 주의해야 합니다. '정념', 또는 '정욕', '열정'이라는 말을 들으면 무엇이 떠오르나요? 부정적으로는 성적 탐욕이나 맹렬한 분노를 떠올릴지 모르겠습니다. 긍정적으로는 깊은 헌신을 떠올릴 수도 있겠네요(요즘 사회는

서론: 자유를 배우기 위한 전통

이력서에 무슨 일을 하든 거기에 열정passion이 있다고 말하기를 기대하지요). 지금 살피고 있는 가르침의 틀에는 그런 의미들도 어느 정도 들어가지만, 그보다 좀 더 근본적인 의미가 있습니다. 동방 그리스도교 저술가들에게 '정념'이란 본능과 반응, 대응 기제들이 작동하는 모든 영역을 가리킵니다. 바로 이 영역에서 인생의 복잡한 문제들이 발생하지요. 우리가 인간인 이상 이런 본능과 대응 기제들을 완전히 없앨 수는 없습니다. 그러나 이들을 이해하고 일정 부분 변화시키지 않으면 우리는 인간다움에 미치지 못하는 어떤 상태에 갇히게 됩니다.*

이때 누군가는 삶의 이러한 층위 전체를 아예 없애버리고 순수하게 영적인 존재, 완전히 자유로운 존재가 되어야 한다고 말하고 싶은 유혹을 받을 수도 있습니다. 실제로 동방 수도 전통에서도 거의 거기까지 도달한 듯한 일부 저술들이 있어 불편함을 주기도 하지요. 하지만 대다수 저술은 사실상 이렇게 말합니다.

❖ 그렇게 해보시지요. 행운을 빕니다. 하지만 될 거라고 기대하지는 마십시오. 결국 당신은 정념과 마주해야 할 겁니다. 그

---

* 예를 들면, *The Interior Castle* I, pp. 331–332; II, pp. 277–278, 284, 293.

영혼의 참된 자유

본능에 대한 영적인 지성을 길러야 합니다. 언제나 무의식적으로 반응하는 삶에만 머무르지 않기 위해 정념들을 다스리는 법을 익혀야 합니다. 본능에 기댄 전략들이 어떻게 작동하는지, 어디서 당신의 성장을 돕고, 어디서 성장을 방해하는지, 어디서 당신의 시선을 흐리게 하는지 조금이라도 이해해야 합니다. 이를 조금이라도 익힌다면, 변화와 우연이 당신을 뒤흔들 때 어떻게 대처해야 할지 더 잘 알게 될 것입니다. 그렇지 않으면 당신은 본능과 정념에 휘둘리게 될 겁니다. 언제나 무의식적으로 반응만 하고 결코 행동하지 못하게 될 겁니다. 당신이 마주하는 것들에 '이건 좋아 보이네', '저건 위험해 보이네'라는 수준으로만 반응하게 될 겁니다. 그러한 층위에서만 살아가는 것은 지적이거나 창조적인 인간의 삶이라 할 수 없습니다. 당신 자신과의 관계, 타인과의 관계를 성찰하며 성장하는 삶도 아니지요.

그러므로 여기서는 우리가 어떤 존재이며, 우리가 살아가는 세상은 어떤 곳인지, 그리고 이에 대해 지적으로 살아간다는 것이 무엇을 뜻하는지를 집중적으로 살펴보려 합니다. 이와 관련해 고전 자료들은 지적합니다. 인간이 처음부터 이 과정에서 엄청난 사고를 냈다고 말이지요. 본능에 끌려

서론: 자유를 배우기 위한 전통

다니는 습관에 너무 익숙해진 나머지 우리는 제대로 파악하지도 못한 본능과 자기방어에 갇히는 습관을 대대로 전수해 왔습니다. 불안anxiety, 방어defensiveness, 소유욕acquisitiveness의 혼합물이 인간의 기본값처럼 되어 버린 것이지요. 그래서 수도 교부들은 예수 그리스도께서 사시고, 죽으시고, 부활하시고, 성령이라는 선물을 주신 목적은 정념을 정복하기 위해서라고 말했습니다(신약성경에도 이런 표현의 흔적이 있습니다). 현대인인 우리에게는 낯설게 들릴 수 있는 표현입니다. 하지만 인간으로서 우리의 자유를 가로막는 다양한 습관(우리가 선택하지 않았지만, 우리에게 들러붙은 영적 장애물들, 곧 '원죄'original sin라는 언어로 표현되는 것들)을 생각해 보면, 왜 신앙의 선조들이 그리스도인으로의 부름과 그리스도의 선물을 이런 방식으로 이해했는지 알 수 있을 것입니다. 왜 그들이 무정념, 곧 정념으로부터 자유로운 삶을 부활의 삶, 우리 안에 있는 성령의 삶으로 여겼는지도 말이지요.

이제 이 큰 그림 안에서 정념의 삶과 무정념의 삶에 대해 생각해 보려 합니다. 이 그림에서 창조 세계는 하나님의 영광과 아름다움에 집중하는 자력 같은 힘에 이끌려, 하나님의 목적 안에서 하나로 붙들리고 모입니다. 바로 이 힘이 유한한 세상에 자리한 가장 근본적인 실재이며, 베푸시고 이기심이

영혼의 참된 자유

없으시고, 사랑하시고, 관조하시는 하나님의 실재를 반영합니다. 이 그림을 이해하게 되면, 모든 세부 사항을 정확히 설명하거나 정의하지 못하더라도 하나님의 생명은 사랑과 기쁨 가운데 서로를 향하는 그 관계 양식을 따라 펼쳐진다고 생각하게 됩니다.

하나님의 생명은 흐르고 되돌아오고 넘쳐흐릅니다. 우리가 성부, 성자, 성령이라고 부르는 이 생명은 경계가 없는 구별이며 경쟁하지 않는 다양성입니다. 하나님은 흔히 말하는 복수plurality도, 단수unity도 아닌 방식으로 존재하시는 분입니다. 그리고 이 사랑과 기쁨 가운데 서로를 바라보는 관계의 삶이 우리의 본향homeland, 아우구스티누스 같은 초기 라틴 신학자들의 말을 빌리면 '조국'patira입니다. 우리는 바로 이곳에 속해 있습니다. 피조물은 이 기쁨을 나누기 위해 존재합니다. 안드레이 류블로프Andrei Rublev의 위대한 성화 「삼위일체」를 떠올려 보십시오. 많은 해설자가 지적했듯 삼위일체를 상징하는 세 천사가 둘러앉은 식탁 앞 비어 있는 곳에 우리의 자리가 있습니다. 우리는 그 자리에까지 이르도록 초대받았습니다. 여기서 다루는 모든 글은 결국 저곳에 이르는 길을 가로막는 장애물들을 해제하기 위해서는 어떻게 해야 하는지를 이야기하고 있습니다.

서론: 자유를 배우기 위한 전통

4세기부터, 특히 이집트와 시리아를 중심으로 사막 안팎에서 살아가던 그리스도인 공동체는 우리가 해방을 향해 나아가는 여정에서 무엇이 잘못될 수 있는지에 대해 점점 더 정교하게 진단했습니다. 우리가 지금도 그 시대의 주요한 저술들에서 볼 수 있는 '영혼의 정념들'에 대한 좀 더 세밀한 분석을 시도한 것이지요. 그들이 이러한 작업을 한 이유는 단지 자기 자신을 이해하기 위해서가 아니라 하나님과 사랑하고 교제하는 가운데, 인간이든 비인간이든 나머지 피조 세계와 사랑하고 교제하는 가운데 참된 해방을 누리기 위해서였습니다. 물론, 그들은 이 모든 일이 성령의 꾸준하고도 지속적인 선물을 통해서만 가능하다고 믿었습니다. 그들에게 정념들에 대처하는 과정은 세례를 통해 받은 선물이 그들 안에서 살아 움직이는 과정이었습니다. 이 부분을 꼭 기억해야 합니다. 동방 그리스도교의 이 문헌들은 그저 '신비주의'mysticism, 또는 인간 해방이나 자아실현에 대한 일반적인 통찰에 종교 색을 살짝 입힌 글이라면서, 그리스도교 공동체의 삶 및 성사들, 성경 본문과는 별다른 연결점이 없다고 생각하기 쉽기 때문입니다. 그들은 자신의 모든 탐구가 세례를 통한 선물에 근거하고 있다고 보았습니다. 이러한 측면에서 동방 그리스도교 수도자들이 일관되게 세례를 '조명'illumination이라고 부른

영혼의 참된 자유

다는 사실은 매우 의미심장합니다. 세례를 받는다는 것은 곧 조명을 받는다는 뜻입니다. "잠자는 사람아, 일어나라. 죽은 사람 가운데서 일어서라. 그리스도께서 너를 환히 비추어 주실 것이다"(엡 5:14)라는 말씀처럼 말이지요(이 구절은 초기 그리스도인들이 불렀던 찬송가 구절일 수 있습니다). 그리스도께서 당신에게 빛을 비추실 것입니다. 그로 인해 인식이 명료하게 회복될 것입니다. 당신은 더는 이 세상을 정글이나 대형 쇼핑센터처럼 보지 않게 될 것입니다. 부활의 생명에 대한 약속을 받았고 세례받은 이의 시선으로 살게 될 것입니다. 그리스도께서 아버지 하나님, 곧 자신이 나신 신적 근원을 바라보는 그 시선이, 이제 성령을 통해 당신에게도 열렸습니다.

그렇다고 해서, 동방 그리스도교 수도 스승들이 다른 전통이나 언어들과는 완전히 다른 방식으로 영적 세계를 정의했다는 뜻은 아닙니다. 그들 역시 자연스럽게 자신들이 살던 시대의 철학과 영혼에 관한 지식을 활용했습니다. 그들은 자기 강박과 자기-섬김에서 벗어나 만물이 나오는, 어떠한 제약도 받지 않는 생명으로 돌아가는 여정에 관한 전체 지도를 다른 전통과 일정 부분 공유한다는 사실을 알고 있었습니다. 차이는 그들이 이 해방의 여정을 예수를 통해 구현된 하나님의 활동과 연결했으며 예수의 삶, 죽음, 부활이 치유로 이

끄는 길을 형성한다는 점에 주목했다는 데 있습니다. 오늘날의 맥락에서 본다면, 수도자들은 세례받은 신자라는 정체성을 공유하지 않는 이들의 경험에도 지혜, 나아가 해방의 가능성이 있을 수 있음을 기꺼이 인정했을 것입니다. 물론 그들은 그 여정도 성육신한 하나님의 말씀, 곧 하나님의 정신이신 그리스도께서 형성하신다고 확신했겠지만 말이지요.

그들은 플라톤부터 시작되는 철학 전통에서 인간 내면을 그린 지도를 처음 만들어 냈으며 그 지도가 자신들이 분석한 바와 꽤 유사하다는 사실도 알고 있었습니다. 그리고 플라톤 역시 인간의 운명은 진리를 관조하는 데 있다고 여겼다는 사실도 알고 있었습니다. 그들이 보기에 플라톤은 진리의 모든 범위를 아우르지는 못했지만, 반드시 보아야 할 바를 분명하게 꿰뚫어 보았으며, 내면세계가 어떻게 작동하는지 이해할 수 있도록 유용한 개요를 제공했습니다. 매우 다양한 저술가들이 이 개요를 활용했습니다. 심지어 1세기 유대인 철학자이자 토라 해설가였던 알렉산드리아의 필론Philo of Alexandria도 활용했지요. 3세기 알렉산드리아의 활발하고 다채로운 지적 문화 속에서 활동하던 클레멘스Clement와 오리게네스Origen 같은 그리스도교 저술가들도 내면의 지도를 다듬고 확장했습니다. 유사한 주제를 두고 비그리스도교인들과 활발한 논쟁을 벌이면서 말이지요.

그렇다면 초기 내면의 지도는 어떤 모습이었을까요? 지도에 따르면 우리 안에는, 우리 중심에는 (앞서 제가 사용한 심상을 써보면) 항상 자석의 북쪽, 곧 실재를 향해 방향을 잡고 움직이는 요소가 있습니다. 하지만 동시에 우리에게는 본능과 무의식적으로 튀어나오는 습관도 있지요. 이들은 우리 삶에 필요한 일을 하면서도 내면의 중심을 불안정하게 만들 수 있습니다. 플라톤은 이를 두 마리 말이 끄는 전차, 전차와 궤도를 유지하려 애쓰는 마부에 빗대어 말했지요.* 본능과 자동으로 반응하는 습관의 묶음 중 하나는 넓게 보면 '공격성'aggression에, 다른 하나는 '욕망'desire에 가깝습니다. 전자는 세상이 '나'에게 침입해 나를 훼손하고 흡수할지도 모른다는 두려움에 사로잡혀 사람이나 사물, 일들을 밀어내게 만듭니다. 후자는 그 반대로 내 앞에 놓인 것을 나의 일부, 내 필요와 계획에 집어넣으려 합니다. 그래서 밀어내지 않고 끌어들여 소비하려 하지요. 두 충동은 나를 비정상적인 방식으로 현실, 실재와 관계를 맺게 합니다. 전자는 말합니다. "현실아,

* 이 심상은 플라톤의 대화편 『파이드로스』Phaedrus에서 발견할 수 있다. 그리고 초기 그리스도교 시기 인간 주체에 관한 그리스도교 및 비그리스도교의 논의 모두에서 반복해 등장한다. 이와 관련해서는 이 책 120쪽 각주를 참조.

서론: 자유를 배우기 위한 전통

물러서라. 나는 안전하고 분리된 채로 있어야 한다. 네가 내 영역에 침범하면, 나는 폭력으로 반응할 것이다." 후자는 말합니다. "현실아, 이리 와서 내 이야기와 내 필요에 흡수되어라. 그러면 너를 너로 바라볼 필요가 없어지니까."

앞서 말했듯 인간에게는 특정 상황과 마주했을 때 자동으로 반응하는 두 가지 경향이 있습니다. 고대 그리스인들은 이 경향들이 몸의 서로 다른 부위와 연결되어 있다고 생각했지요(흥미롭게도 이러한 사고방식은 불교의 인간 이해, 심리 이해와도 놀라울 정도로 유사합니다). 이를테면 고대 그리스어로 '화'angry, 곧 '튀모스'thumos는 '가슴에 무언가가 가득 차 있다'는 뜻입니다. 고릴라가 자신의 힘과 우위를 드러내기 위해 가슴을 두드리듯 가슴팍에 에너지가 몰릴 때 저 말을 썼지요. 이와 달리 욕망이나 소유욕, 또는 소비와 관련된 충동의 경우 사람들은 '에피투미아'epithumia라 불렀고 이는 더 아래쪽, 아랫배에 속한다고 보았습니다. 고대 그리스인, 불교도, 초기 그리스도교인은 모두 관조하고 성찰하는 삶을 살기 위해서는 몸의 중심을 제대로 잡아 균형을 이루어야 한다고 생각했습니다. 한쪽에서 일어나는 혼란이 다른 쪽에 영향을 미치고, 한쪽이 치유되면 다른 쪽도 함께 치유될 수 있다고 믿었지요. 3세기 이후 대다수 그리스도교 문헌 역시 이러한 삼중의 흐름(실재를 향한 근본적인 끌림, 자동으로 반응하게 되는 두 가지 습관)을 당연시했습니다. 표현은 다양했지만 말이지요. 중세 말까지 그리스 전통에서 관상을 다룰 때도 계속 저 흐름을 활용했습니다. 공격성과 욕망이라는 정념은 우리가 흔히 생각하는 화, 정욕이나 탐욕보다 훨씬 더 현실의 깊은 측면을 가리킵니다. 이 정념들은 우리가 세상에 반응할 때 사용하는 모든 기제(두려움으로 인해 밀어내려는 충동, 끌어들여 흡수하려는 충동)를 아우릅니다.

이 둘에서 자유로워진다는 것은 무언가를 집어삼키려는 탐욕, 무언가로부터 자신을 지키려 안달하는 두려움 없이 세상에 실제로 있는 것, 나아가 하나님 안에서 실제로 있는 것을 바라볼 수 있는 진실함의 균형점을 찾는다는 뜻입니다. 바로 이 때문에 '무정념'은 (현대 독자들이 보기에는 놀랍게도) 사랑과 연결됩니다.˙ 사랑은 밀쳐내거나 집어삼키려는 충동을 멈추고 가장 깊은 중심에서 우러나오는 시선으로 상대를 바라볼 때 시작되기 때문이지요. 말은 간단하지만, 그만큼 놀라운 일입니다. 사랑은 현실을 밀어내거나 나의 목적에 끌어들이려는 것을 멈출 때 비로소 피어날 공간을 갖게 됩니다. 그

◆   21쪽 세 번째 각주를 참조.

공간에서 사랑은 자라납니다. 기억하십시오. 하나님은 사랑이 무엇인지 보여주는 가장 궁극적인 본★이며, 그분의 생명은 사랑 그 자체입니다. 그분은 두려워하지 않으십니다. 무언가를 탐하지도 않으십니다. 너무 당연한 말로 보일지도 모르겠습니다. 하지만 하나님의 사랑이 곧 공격성과 탐욕이 없는 삶의 방식이라고 한다면 우리는 이를 통해 사랑이 우리 안에서 어떻게 작동하는지, 또 왜 제대로 작동하지 않는지를 생각해 볼 수 있게 됩니다. 그리고 우리 마음에서 하나님의 사랑이 살아 있게 하는 것이 그리스도께서 하시는 일이라면 그 함의는 분명합니다.

지금까지 제가 이 책에서 그리려 하는 큰 그림의 윤곽을 살펴보았습니다. 이제부터는 초기 수도 세계의 위대한 저술가들이 이런 본능과 정념을 어떻게 나누고 분석했는지를 좀 더 자세히 살펴보려 합니다. 그리고 한 가지 더 제안하고자 합니다. 바로 이 주제를 조금 더 적극적인 방향에서 바라보자는 것입니다. 즉, 정념을 분석하는 데 그치지 않고, 그런 정념에서 벗어난 자유로운 삶이란 과연 어떤 모습일지를 함께 상상해보자는 것이지요. 이를 위해 저는 수도 저술가들이 분석한 영혼의 정념들을 마태복음에 나오는 예수의 팔복과 나란히 놓고 살피도록 하겠습니다. 수도 저술가들은 영혼의 정념을 여덟 가지로 나누었는데, 공교롭게도 예수께서 말씀하신 복도 여덟 가지입니다. 저는 팔복이 각 정념에서 자유롭게 된 삶이 무엇인지를 정제된 형태로 보여준다고 생각합니다. 물론 이는 성찰을 위한 일종의 실험이며, 둘을 연결하려는 저의 시도는 옳을 수도 있고, 그렇지 않을 수도 있습니다. 판단은 독자 여러분에게 맡깁니다.

서론을 마무리하면서 기억해 둘 만한 가장 기초적인 진리를 짚어보려 합니다. 바로 우리는 하나님께서 계시기에 존재한다는 것이지요. 우리가 우리인 이유는 하나님이 하나님이시기 때문입니다. 하나님은 영원히, 필연적으로, 변함없이 무한한 사랑과 나눔, 그리고 상호성이십니다. 하나님께서 세상을 창조하신 일은 바로 저 충만한 상호성과 복된 나눔에 뿌리를 두고 있습니다. 하나님께서는 당신의 사랑을 나누시기 위해 세상을 창조하셨습니다. 이것이야말로 창조의 유일한 이유입니다. 그분이 외로우셔서, 또는 지루하셔서, 억눌린 창조력을 풀기 위한 출구로 세상을 만드신 게 아닙니다(우리는 흔히 그렇게 생각하지만 말이지요). 그분은 은총으로 세상을 창조하셨습니다. 하나님이 아닌 것도 당신의 사랑을 머금게 하기 위해서 말이지요. 이는 존재하게 된 존재, 유한한 존재, 피조물인 우리에게 가장 중요한 능력이 앞에서 제가 말했듯 우리를 땅속에 있다가 나오는 지렁이, 자석에 이끌리는 철가루처럼 만드는 능력, 곧 나누고 반영하고 바라볼 수 있는 능력임을 뜻합니다. 이러한 맥락에서 관조는 단순히 앉아서 응시하는 일보다 훨씬 더 깊습니다. 관조는 생명을 깊이 받아들이고, 그 안으로 끌려 들어가며 그 생명을 다른 사람과 나누는 활동입니다. 이러한 빛 아래, 우리는 이 길을 걸을 때 마주하게 되는 다양한 왜곡과 함정을 이해해야 합니다. 이 왜곡과 함정은 우리 안에 지극히 자연스럽게 존재하는 본능, 그 본능으로 이루어지는 삶에 뿌리를 두고 있습니다. 인간은 불행히도 지나치게 영리한 존재이기 때문에, 자기중심의 욕망과 성찰 없는 자아를 위해 본래는 생존과 안정에 필요한 본능도 얼마든지 왜곡할 수 있습니다. 그렇게 왜곡된 본능은 단순한 생존 반응을 넘어서, 눈앞의 현실을 흐릿하게 만들고 결국엔 현실 자체를 파괴하는 방향으로까지 나아가게 됩니다. 이때 본능은 더는 우리를 보호하는 장치가 아니라, 오히려 우리를 속박하고 가두는 덫과 사슬이 되어버립니다.

이 덫과 사슬을 끊어버리기 위해 그리스도께서는 성육신하셨고, 사셨고, 죽으셨고, 죽은 자 가운데서 부활하셨으며 사람들에게 성령을 불어넣어 주셨습니다. 그 덕분에 우리는 완전히 새로운 존재가 될 수 있습니다. 에바그리우스가 이야기한 천사처럼 보는 방식, 곧 존재하는 모든 것을 깊이와 통찰력을 가지고 바라보는 법을 익힐 수 있습니다. 이는 저 멀리 하늘에서 세상을 굽어보는 신비로운 시선이 아닙니다. 오히려 이 시선은 인간이 살과 피를 지닌 존재로 살아갈 때 얻을 수 있는 지극히 인간다운 시선입니다. 그럼에도 불구하고 이 시선은 놀라울 만큼 맑고, 정직하고, 진실하기에, 그리하여 자유와 연민을 불러일으키기에 천사의 시선 같습니다.

1

영혼의 정념들을 살피는 지도 그리기

지금 여기서 진실로 이야기하는 것은 부활의 삶입니다. 이는 인간이 성령이 깃드는 곳이 되는 삶이라고도 할 수 있습니다. 우리라는 작은 배를 집어삼킬 듯 덤벼드는 온갖 유혹과 충동을 이해하고, 이들과 함께, 이들을 뚫고 살아가는 법을 배울 때 부활의 삶은 실현됩니다.

이 장에서는 먼저 수도 전통이 이 문제들을 어떤 틀 안에서 이해해 왔는지 간략하게 살펴보겠습니다. 그리고 각 정념과 본능에 관해 수도 전통이 남긴 말들을 살피고, 예수께서 제시한 '팔복'이 어떻게 이런 정념이 이끄는 삶에 대응하는 대안적이고 새로운 삶의 태도가 될 수 있는지도 이야기해 보겠습니다. 그 전에, 초기 수도자들이 '유혹'temptation이라는 문제를 어떻게 다루었는지 간단히 살펴보겠습니다. 유혹은 정신이 흔들리는 순간이며, 이때 정념이 작동하기 시작합니다. 이 문제는 중요합니다. 오늘날 적잖은 그리스도인들이 '유혹'이라는 말의 의미를 혼동하기 때문이지요. 전통적인 이해의 도구들을 가지고 있지 않으면, 유혹이 진행되는 동안 의지와 상상력이 어느 순간, 어떻게 개입하는지를 파악할 수 없게 됩니다. 그렇게 되면 그 과정에서 얻을 수 있는 중요한 통찰 역시 놓치게 되지요.*

'유혹'을 의미하는 그리스어 '페이라스모스'peirasmos는 본래 '시험'을 뜻합니다(실증 연구empirical study, 곧 실제로 시험해 보는 실험 역시 이 말과 연결되어 있습니다). 학교를 다닌 사람이라

＊　다음 책을 보면 유용한 통찰을 얻을 수 있다. Richard Sorabji, *Emotion and Peace of Mind: From Stoic Agitation to Christian Temptation* (Oxford: Duckworth, 2000), 특히 22, 23장.

영혼의 정념들을 살피는 지도 그리기

면 누구나 알 듯 (안타깝게도) 시험에는 여러 단계가 있습니다. 초기 동방 수도 전통 역시 유혹, 시험의 단계들을 매우 섬세하고도 명확하게 구분했지요. 이 시기 수도 전통 본문들은 입을 모아 지금 내 안에서 무슨 일이 일어나고 있는지 정직하게 살피는 일이 중요하다고 말합니다. 수도자들은 자신에게 어떤 충동이 일어났음을, 무언가에 끌리기 시작했음을 알아차리는 것 자체가 우리가 책임감 있게 다루어야 할 과정의 일부라고 보았습니다. 이 충동은 억누르거나, 부정하거나, 도망치거나, 생각하지 않으려 애써도 소용이 없습니다. 어떤 면에서는 생각하지 않으려 애쓰는 일만큼 어리석은 일도 없습니다. "앞으로 5분 동안 절대로 '하마'라는 단어를 떠올리지 마세요"라는 말을 들었을 때 우리의 생각이 어떻게 흘러가는지를 상상해 보십시오.

그러니 처음에는 충동이 일어났음을 그냥 알아차리고 받아들이는 게 중요합니다. 이 단계에서는 이 정도로만 생각하는 게 좋습니다. '아, 이런 일이 내 안에서 일어나고 있구나. 어떤 충동(이를 그리스 전통에서는 '프로볼레'probole, 곧 무언가를 부추기는 미세한 자극, 또는 찔러서 무언가를 밀어붙이는 충동이라고 불렀습니다)이 느껴져. 상황에 따라 더 커질 수도 있겠네'라고 말이지요. 물론 이때부터 미끄러운 경사가 시작됩니다.

먼저 충동에 정신이 스치듯 반응합니다. '음, 이거 좀 흥미로운데?'하고 잠시 관심이 갑니다. 어쩌면 괜찮은 느낌이 들 수도 있습니다. 이 단계를 수도 전통에서는 무언가가 정신의 흐름을 가로막은 순간이라고 설명합니다. 충동에 호감을 보일 경우 '나'는 그 충동과 (그리스어를 그대로 옮기면) '짝을 짓기' 시작합니다. '내 안에서 이런 충동이 일어나다니. 나는 생각보다 훨씬 더 복잡하고 흥미로운 사람이군'이라고 생각하며 그 충동을 탐색하고, 머릿속에서 이리저리 굴려봅니다. 충동에 일정한 자리를 내어주는 것이지요. 그러다 보면 충동을 긍정적으로 보기 시작하고 더 가치가 있는 것으로 여기게 됩니다. 그러면 정신이 본격적으로 움직이게 되지요. '이렇게 해 볼 수도 있겠다. 꽤 즐거울지도 몰라.' 그렇게 '나'는 순식간에 충동을 받아들이고 따르게 됩니다. 단순히 맞이하는 정도가 아니라 충동에 밥상까지 차려주고 하룻밤 잘 곳까지 마련해 주는 것, 정신과 마음에 자리를 마련해 충동이 나를 이끌도록 허락하는 것이지요. 그렇게 되면 충동은 과거의 경험과 기억을 끌어모아 자신의 자리를 넓혀 갑니다. 마지막 단계에 이르면 우리는 자유를 잃습니다. 일종의 중독 상태에 빠지게 되지요.

지금까지 내용은 (아마도) 9세기에 활동했던 시나이의

영혼의 정념들을 살피는 지도 그리기

헤시키오스Hesychios of Sinai라는 저술가가 긴 분량으로 다룬
논의를 간추린 것입니다.* 이 논의는 공동체를 돌보는 일에
도, 개인의 내면을 다루는 일에도 큰 도움을 줍니다. 두 가지
중요한 통찰을 전해 주기 때문이지요. 첫 번째 통찰은 우리
정신에서 무슨 일이 일어나는지 정직하게 바라보는 것이 중
요하다는 점이고, 두 번째 통찰은 그렇게 정직하더라도 금세
자기 자신에게 매혹되는 위험한 상태에 빠질 수 있음을 조심
해야 한다는 점입니다. 우리는 소설 속 인물처럼 자기 자신
을 흥미로운 존재로 여기기 쉽습니다. 그리고 이 성향을 넘어
서지 못하면 자유로워질 수 없습니다. 복음이 전하는 핵심 내
용 중 하나는 우리의 흥미와 상관없이 하나님께서는 우리를
사랑하신다는 것입니다. 이를 우리는 잘 받아들이지 못합니
다. 그보다는 자신이 어떤 극의 주인공이고, 특별하고, 복잡
한 존재라고 생각하기를 은근히 즐기고 그 극에 머무르려 합
니다. 과도하게 내면을 파헤쳐 자기 안에만 머무르려는 유혹
(이는 정직한 알아차림과는 전혀 거리가 먼 상태이지요)에 빠지지

---

* 'On Watchfulness and Holiness'; 유혹에 대한 분석은 다음을 보라.
Philokalia I, pp. 170-171. 그리고 은수자 마르쿠스가 제시한 설명과 비교해 보
라. Mark the Ascetic, *Philokalia* I, pp. 119-120. 그의 설명은 앞의 설명과 약간
다르지만 모순되지는 않는다.

영혼의 참된 자유

않으려면 분별의 기술을 익혀야 합니다. 이 기술은 과도한 자기 분석과 무감각한 무지 사이의 칼날 같은 경계를 조심스럽게 걷는 일입니다(솔직히 말하면, 이 기술을 익히는 과정에서 우리는 둘 중 한 곳으로 자주 넘어질 것입니다). 사막 저술가들은 우리에게 두 가지를 강조합니다. 첫째는 당황하지 말라는 것입니다(이 시기 저술들에 매우 자주 등장하지요). 충동이나 마음의 움직임을 알아차리되 너무 불안해하지는 말고 그냥 그런 충동이 있음을 인정하고 마주하라는 이야기지요. 둘째는 그 충동을 하나님께 맡기라는 것입니다. 그 충동을 만지작거리며 환상과 극으로 부풀리면서 은근한 쾌감에 빠지지 말라는 이야기지요. 충동을 하나님께 맡긴 뒤에는 설거지를 하든 정원을 돌보든 쓰레기를 버리러 가든, 아픈 친구를 방문하든 기도를 하든 다른 일을 하면 됩니다. 자기 안에서 무슨 일이 일어나고 있는지 알아차리고 나면, 그 다음에는 그냥 삶의 다음 걸음을 걸으라고 사막 저술가들은 조언합니다.

에바그리우스, 카시아누스John Cassian, 그리고 그 외 수도 전통의 위대한 스승들이 영혼의 정념에 관해 분석한 내용을 읽다 보면 그들이 수도 공동체(더 넓게는 교회 공동체)에서 사람들이 전제하기를 바랐던 영적 배경 역시 알게 됩니다. 그러니 이 스승들에게 배운 수도자들이 실제 삶에서 겪는, 정념

영혼의 정념들을 살피는 지도 그리기

에 이끌리고 거기에 집착하게 되는 성향을 설명하는 사유의 틀을 발전시킨 것은 자연스러운 일이라 할 수 있겠지요. 사막 스승들은 로기스모이logismoi, 문자 그대로는 '생각들'이라는 뜻이지만 이 맥락에서는 우리 안에서 끊임없이 우리를 사로잡는, 집착하는 사고의 흐름이 얼마나 커다란 힘을 가지고 있는지를 강조합니다. 그들은 여기에 휘말리지 말라고 거듭 경고했습니다. 우리가 정념에 사로잡히는 이유는 우리가 스스로 만들어 낸 사고의 습관, 불안과 상상력이 엮어 만들어 낸 내면의 사슬이 우리를 묶어 버리기 때문입니다. 이는 여러 환상으로 나타날 수 있습니다. '그때 그 말만 했더라면 상황을 완전히 바꿀 수 있었을 텐데', '그때 내가 그런 선택만 안 했어도 그런 일은 일어나지 않았을 텐데', '그때 내가 한 건 정말 잘한 건데, 이걸 왜 다른 사람들은 몰라 주지?' 이러한 환상들로 이루진 세계는 '나'를 모든 일의 중심에 놓습니다. 그리고 내가 옳고 좋은 사람임을 끊임없이 확인받아야 한다고 속삭이지요. 이것이 바로 로기스모이가 가리키는 바입니다. 성적 환상 때문에 겪게 되는 유혹도, 복수나 후회나 자기 자랑을 되새기며 빠져드는 유혹도 사막 스승들이 보기에는 모두 같은 종류의 유혹입니다. 모양은 달라도 모두 끊임없이 이어지며 우리를 묶어두는 생각의 사슬이지요. 잠깐 스치는 환

영혼의 참된 자유

상이 아니라, 우리를 잡아두는 또 다른 함정입니다.

유혹이 어떤 단계를 거쳐 찾아오는지를 세밀하게 분석하는 이유는 우리가 이 함정들에 빠져 헤어나지 못하게 되는 일을 막기 위해서입니다. 그래야 이를 알아차리고, 하나님 앞에서 인정하고, 그분께 맡긴 뒤 다음으로 넘어갈 수 있지요. 이를 명확히 하려면 서로의 도움이 필요합니다. 경험 많은 안내자, 영적 스승들과 충분한 시간을 들여 이야기를 나누어야 하지요. 치료나 상담받듯 하지는 않더라도 자신을 어느 정도 거리를 두고 바라보는 법은 익혀야 합니다. 자신의 생각들, 곧 로기스모이를 영적 스승께 드러내면 내 안에 복잡하게 얽힌 부분이 있음을 겸손하게 인정하게 되고 그와 동시에 정말 중요한 것이 무엇인지 통찰을 얻을 수 있게 됩니다. 그렇게 되면, '나'는 내가 언제나 주연 배우로 등장하는 드라마에서, 또는 이와 반대로 실패와 수치를 되씹으며 자기 자신을 혐오하는 세계에서 조금씩 벗어날 수 있습니다. 이런 길로 나아가는 일은 말은 쉽지만 실천하기는 어렵습니다. 하지만 수도 전통의 위대한 스승은 바로 이 길, 자기 탐닉 없는 정직함, 발레 무용수의 회전축과도 같은 균형점을 추구했습니다. 이를 제대로 하기란 매우 어렵습니다. 그러니 연거푸 실수하더라도 놀라지 마십시오. 지금 내 안에서 무슨 일이 일어나고 있

영혼의 정념들을 살피는 지도 그리기

는지 당황하지 않고 알아차리는 법을 익히십시오. 또 하나 덧붙여야 할 기본 사항이 있습니다. 바로 수도 전통에서 광범위하게 쓰이는 진단 도구인 '정념들의 목록'을 소개하는 일이지요. 앞서 언급했듯, 초기 그리스 전통에 속한 저술가들은 인간의 본능을 크게 두 가지, 곧 공격성과 탐욕으로 나누었습니다. 4세기 말 에바그리우스는 이를 더 발전시켜 금욕의 길을 걷기 시작한 이들을 공격하는 세 부류의 악령들, 각각 폭식, 탐욕, 자아도취를 부추기는 데 특화된 존재들에 대해 이야기했습니다.* 그리고 이를 다시 영혼의 여덟 가지 기본 습관 또는 상태로 세분화했지요.** 이 분석은 훗날 서구에서 이야기한 '칠죄종'의 기원이 됩니다. 이 칠죄종의 경우 초기 분석을 다소 단순화했고 '죄'라는 명칭을 쓴 건 초기 수도 전통이 의도한 바와 조금 다르지만 말이지요. 본래는 유용한 '영적 진단 도구들'이 시간이 지나며 '잘못된 행동들의 목록'처럼 바뀐 측면이 있습니다. 그리고 그 과정에서 초기 분석이 지닌

---

* *Philokalia* I, pp. 38 ff. (더 긴 본문에서 발췌했다. 다음을 보라. Casiday, Evagrius Ponticus, pp. 91 ff.).

** 에바그리우스의 목록은 다음 책을 보라. Evagrius, *Praktikos*, translated by John Eudes Bamberger (Kalamazoo, MI: Cistercian Publications, 1981), sections 6-14, pp. 16-20. 『프락티코스』(분도출판사).

힘과 명료함이 일부 사라졌지요. 엄격한 성공회-가톨릭 전통에서 자랐다면 입교 교육 때 칠죄종의 목록에 대해 배운 적이 있을 겁니다. 외우기 쉽도록 암기법도 배웠겠지요. 그 목록이 쓸모없다는 이야기는 아닙니다. 자기 성찰을 하는 데 괜찮은 출발점이 될 수 있지요. 하지만 '잘못된 행동의 목록'을 살피는 일과 반드시 악하지는 않은 충동, 복잡한 세상에서 살아가는 하나의 방식인 충동이 어떻게 '나'를 파괴하고 강박에 사로잡히게 만드는지 진단하는 일 사이에는 중요한 차이가 있습니다.

순서는 조금씩 다르지만, 에바그리우스, 그리고 그보다 조금 늦은 시기(5세기 초) 인물인 카시아누스가 제시한 목록은 이후 고전으로 자리 잡았습니다. 그들이 제시한 순서는 매우 직접적인 육체의 열망에서 시작해 우리 안에 있는 정념의 총체라 할 수 있는 교만으로 나아갑니다.***

*** 「여덟 가지 악덕에 관하여」On the Eight Vices (*Philokalia* I, pp. 73-93)는 카시아누스의 『규정집』*Institutes* 5-12권에서 엮은 것이다. 그의 『담화집』 *Conferences* 5권에서도 이 주제를 비중 있게 다뤘다. 이와 관련해서는 다음 책이 도움을 준다. Angela Tilby, *The Seven Deadly Sins: Their Origin in the Spiritual Teaching of Evagrius the Hermit* (London: SPCK, 2009), 특히 63-174. 여기서는 원래 여덟 가지였던 '생각'이 어떻게 일곱 가지 '죄'로 바뀌게 되었는지를 추적한다 (19-29쪽).

영혼의 정념들을 살피는 지도 그리기

첫 번째는 탐식greed입니다. 단순히 허기를 채우는 수준을 넘어 배불리 먹고 만족하려는 육체의 충동을 조절하는 법을 익히는 단계이지요. 이 열망은 육체에서 일어나는 다른 모든 열망을 절제할 수 있는 열쇠가 됩니다. 따라서 이 문제를 다루는 일은 성적 환상, 곧 색욕lust이라는 정념을 다스리기 위해 반드시 필요합니다. 사물과 일에 대한 욕심과 사람에 대한 욕심은 긴밀하게 연결되어 있습니다. 이는 탐욕avarice이 그다음에 나온다는 사실을 통해 더욱 분명해집니다. 카시아누스는 탐욕을 앞의 둘(탐식과 색욕)과 구별했습니다. 앞의 두 정념은 그 자체로는 비난해야 하는 것이 아니라 자연스러운 내면의 충동을 잘못 사용한 결과이지만, 탐욕은 우리 본성 밖에서 비롯된 것이며 소유욕과 미래에 대한 두려움('과연 미래에도 안전할까? 내가 나 자신을 지킬 수 있을까?')이라는 형태로 나타나기 때문입니다. 그리고 이 두려움은 일종의 우상숭배로 이어집니다. 불안에 대한 공포가 삶의 모든 영역을 물들이고 그 가운데 원망과 비참함이 솟구치지요.

다음은 분노anger입니다. 분노는 주로 "마음의 눈을 멀게 하여" 분별을 불가능하게 만듭니다. 카시아누스는 일을 하다 도구 때문에 화를 냈던 경험을 이야기하며 그 해결법으로 인내를 강조합니다. 더불어 타인에 대한 우리의 반응을 끊임없이 살피며 원한의 뿌리를 뽑아내야 한다고 힘주어 말하지요. 그다음은 낙심dejection입니다. 이 역시 명확하게 보는 능력의 상실과 연관이 있습니다. 낙심하면 우리는 우리가 무엇을 할 수 있는지 알지 못하게 됩니다. 자기 자신을 과소평가하며 최악의 상황만 일어날 거라 예상하지요. 낙심은 무기력listlessness(그리스어로는 '아케디아'acedia)과 가깝지만, 완전히 같지는 않습니다. 무기력이 자기를 제멋대로 놔버리는 나른함("아무래도 상관없어")이라면 낙심은 안절부절못하면서 동시에 무감각한 마음 상태입니다. 어디에서도 안정을 느끼지 못하고 막연히 불안한 것이지요. 에바그리우스와 카시아누스가 보기에 수도자들은 이 정념에 특히 취약했습니다. 수도자들은 제한된 환경에서 단조로운 일만 반복된다고 느낄 수 있는 일상을 살았기 때문이지요. 이 상태에 빠지면 당장 해야 할 다음 일도 점점 더 어려워집니다.

목록 마지막에는 허영self-esteem과 교만pride이 있습니다. 다시 한번 말하지만, 둘은 가깝지만 다릅니다. 허영은 지위와 평판을 얻으려는 단순한 야망에 가깝습니다. 카시아누스는 이 허영이 얼마나 교묘하게 모습을 바꾸는지 이야기합니다. 우리가 어떤 이유로 '나'를 내세울 수 없게 되면, 허영은 재빨리 다른 구실을 찾아내 기어이 내가 여전히 훌륭하다고 여기

영혼의 정념들을 살피는 지도 그리기

게 만듭니다. 하지만 교만은 지금까지 논의한 모든 정념보다 더 끔찍합니다. 교만은 우리와 우리의 모든 일의 토대가 하나님의 선물이라는 사실을 인정하지 않는 망상에 완전히 굴복한 상태이기 때문이지요. 이는 사실상 스스로를 하나님처럼 여기는 것이며, 따라서 우리가 상상할 수 있는 가장 총체적인 거짓이라 할 수 있습니다.

여덟 가지 정념을 이렇게 정리해 보면, 단순히 잘못된 행동을 문제 삼는 게 아니라는 점을 분명히 알 수 있습니다. 여기서 관심을 두는 부분은 자연스러운 충동이 어떻게 왜곡되며, 그 왜곡이 어떻게 우리의 시야를 흐리냐는 것입니다. 인간성을 짓밟는 압력이나 유혹을 마주했을 때, 이를 거부하고 밀어내는 반응은 유익할 수 있습니다. 배고픔이나 식욕, 심지어는 성적인 욕망도 그 자체로는 아무런 문제가 없습니다. 하지만 이 충동들이 존재하는 맥락과 목적은 무시한 채, 오직 충동 그 자체만을 따로 떼어 느끼고 생각하려 들면 문제가 생깁니다. 그때부터 이 충동들은 진실을 보는 눈을 멀게 하는 습관들을 줄줄이 낳기 시작합니다. 그러고는 마침내 하나님의 근본적이고 거저 주시는 선물과 상관없이 우리가 홀로 설 수 있다는 망상으로 우리를 끌고 가지요. 이런 관점에서 죄는 오해의 궁극적인 형태, 우리에게 진정으로 맞갖은 것에 대한 반발, 우리의 건강과 안녕을 위한 길을 (어느 정도는) 알면서도 이를 거부하는 것이라 할 수 있습니다.

물론 죄를 지은 개인에게는 이러한 기만의 신화에 동의한 책임이 있습니다(앞서 유혹의 단계들에 대해 이야기했던 부분을 기억해 보십시오). 하지만 우리가 그렇게 동의할 수 있다는 사실, 너무 쉽게 동의해 버린다는 사실은 더 깊은 문제에서 비롯됩니다. 바로 사도 바울이 로마서에서 파헤쳤던 문제이지요. 여기서 그는 우리가 태어나면서부터 물려받은, 또는 태어나면서부터 놓이게 된 인간의 상황을 이야기합니다. 기이하고 불가사의하게도, 이 환경에서는 하나님께 '예'라고 답하는 것보다 '아니요'라고 말하는 게 훨씬 쉽게 느껴집니다. 참으로 기이한 상태입니다. 우리가 실제로 창조된 목적을 생각하면 말이지요. 우리가 이토록 이상한 지점까지 오는 데는 인류 역사에 걸쳐 인간의 비상한 재주와 상당한 반복이 필요했습니다. 마치 수 세기에 걸쳐 새끼손가락과 엄지손가락 사이에 펜을 끼우고 글씨를 쓰는 훈련을 해 온 것과 같다고 할까요. 이것도 일종의 기술이라 할 수 있습니다. 이토록 이치에 맞지 않고 잘못된 것에 익숙해지려면 훈련이 필요하니까요. '죄의 유산'heritage of sin이라는 표현은 바로 이를 뜻합니다. 그리고 바로 이 때문에 초기 수도 시대의 스승들과 그들의 유산

영혼의 정념들을 살피는 지도 그리기

을 기록한 후대의 인물들은 죄에 대해서는 지극히 엄격했지만, 동시에 죄에 얽매인 인간의 처지에 대해서는 깊은 연민을 보였습니다. 그들은 죄가 얼마나 파괴적인 결과를 낳는지 조금의 착각도 하지 않았습니다. 새끼손가락과 엄지로만 글을 쓰겠다고 고집을 부리면, 결국 손은 망가질 수밖에 없다는 걸 알았기 때문이지요. 죄에는 대가가 따릅니다. 인간으로서 우리의 자연스러움을 앗아가고 우리의 본성이 지향하는 것, 우리가 가장 깊이 열망하는 것에 '예'라고 말할 수 있는 자유를 얼어붙게 만듭니다. 실수와 혼란치고는 엄청난 대가지요. 하지만 수도 스승들은 알고 있었습니다. 우리가 유혹에 무너지는 거의 모든 상황, 말하자면 우리가 주변 세력에 떠밀리고, 조종당하고, 시달리고 있는 상황에서 "이 모든 건 다 네 잘못이야"라고 몰아세우는 건 아무런 도움이 되지 않는다는 사실을 말이지요. 우리는 매우 연약한 존재이며 우리를 거스르는 거대한 힘들이 작동하고 있습니다. 수도 스승들은 이 힘들을 '악령'demon이라고 불렀습니다. 그들은 우리에게 악령의 문제를 심각하게 받아들여야 한다고 권고했습니다. 하지만 너무 심각하게 받아들이지는 말라고 했지요. 혼란과 망상 가운데, 마치 창조주와 상관없이 독립적인 척하며 살아갈 때 우리는 악령에 휘둘리게 됩니다. 그 힘들은 본래 있어야 할 모습, 곧

영혼의 참된 자유

·

자기 존재의 가장 깊은 뿌리와 불화하는 힘들이지요. 뿔 달리고 꼬리 달린 신화적인 악령의 심상은 잊어버리십시오. 악령은 진리라는 닻줄이 끊겨 표류하는 비인격적인 힘입니다. 이들은 언제나 우리의 비현실성을 강화하고 키워 줄 준비를 하고 있습니다. 에바그리우스는 악령이 우리 상상 속에 이미 들어와 있는 것들을 집요하게 파고들어, 이들을 이용하고 자극하는 방식으로 우리를 공격한다고 말합니다.* 그들은 굳이 눈에 띄는 모습을 하고 나타날 필요가 없습니다. 우리가 약할 때, 혼란스러울 때, 나 자신과 불화할 때, 억지로 몸을 비틀어 기이한 자세를 취하는 습관처럼 우리의 정체성이 잔뜩 위축되어 있을 때, 그들은 우리 마음과 정신에 스며듭니다. 바로 그때 악마적인 무언가, 거스르는 무언가, 기만하는 힘, 우주에서 하나님과 선에 대적하는 정체불명의 것들이 발붙일 곳을 찾게 됩니다. 그러면 망상이라는 독이 링거액처럼 끊임없이 주입되고 더 많은 환상이 만들어집니다.

유혹과 마찬가지로 악령 역시 그 존재를 인정은 하되 결코 지나친 관심을 주어서는 안 됩니다. 복잡하고 매혹적인 자기 내면을 파고들 때 '나'에게 더 휘말리듯, 악령에게 관심을

---

* 예를 들면, 'On Prayer', *Philokalia* I, pp. 58, 63-64.

쏟는 순간 우리는 오히려 악령이 들어올 수 있도록 대문을 활짝 열어주게 됩니다. 그러니 악령학demonology으로 박사 학위를 따려 든다거나 악령에 매료되는 태도는 이 문제를 다루는 잘못된 방식입니다. 사막 교부들은 악의 세력을 대할 때 두려워하면서도 동시에 일종의 장난기 어린 태도로 접근했다고 전해집니다. 악의 세력은 분명 우리를 잡으려 안달이지만, 근본적으로 실재를 거부하기 때문에 교활할지는 몰라도 총명하지는 않습니다. 분별력 있고 실재를 받아들이는, 그리스도교화된 지성을 갖춘다면 우리는 그들의 허를 찌를 수 있지요. 실제로 사막 교부들의 이야기 중에는 작전에 실패한 악령들이 광야를 배회하다 애꿎은 돌멩이를 걷어차며 투덜거리는 장면이 나옵니다. 그들이 보기에는 위대한 수도자들에게는 도무지 속을 헤집을 도리가 없었습니다. 이 "위대한 노인들"은 이미 자신이 죄인이라는 사실을 너무나 잘 알고 있었기 때문입니다. 악령들은 수도자들이 죄를 짓게 하거나, 기존의 죄 때문에 절망에 빠지게 만들려 필사적으로 애를 씁니다. 하지만 위대한 스승들은 이렇게 응수하지요. "그래. 나는 죄인이다. 그런데 그것이 네게 무슨 상관이냐? 나는 오직 하나님의 자비만을 의지할 뿐이다." 이러니 악령들로서는 당혹감을 느낄 수밖에요. 악령을 가장 효과적으로 좌절시키는 것은 바로

영혼의 참된 자유

이런 배짱 두둑한 겸손입니다.

긴 안목에서 볼 때, 기도와 섬김과 사랑이라는 수고를 통해 우리가 이끌려가는 삶, 곧 회복된 인간의 삶은 여러모로 지극히 평범하고 산문 같은 삶입니다. 그저 눈앞에 닥친 일, 그다음 일을 묵묵히 해내는 것, 그것이 전부입니다. 이는 매우 적절한 일입니다. 유혹에 휘말리지 않을까 걱정된다면, 시편을 읊조리고 맡은 일을 계속하고 당신의 생각 속에 불평이나 원한, 자기 연민이 있지는 않은지 점검하십시오. 그리고 이를 계속하십시오. 카시아누스는 탐식과 색욕에 맞서는 적절한 자기 부인self-denial에 대해 말하면서 방종이 지나치면 문제가 되듯 고행도 지나치면 삶이 걷잡을 수 없이 힘겨워질 수 있다고 지적한 바 있습니다.* 그리고 자신이 얼마나 훌륭한 금욕의 본이 되어가고 있는지는 신경 쓰지 말라고, 대신 이 질문에 집중하라고 권하지요. '하나님께서 지금 나에게 묵묵히 하라고 하신 일은 무엇인가?'

수도 문헌들을 매력적이고 실제 삶에서 유용하게 만드는 힘은 바로 이 산문의 특성, 곧 평범함에 있습니다. 물론 이

＊   예를 들면, *Philokalia* I, p. 75: "그러므로 우리는 육체의 금식에만 노력을 쏟아서는 안 된다."

영혼의 정념들을 살피는 지도 그리기

글들을 읽어 본 사람이라면 누구나 알겠지만, 때로는 다소 거부감이 드는 어휘나 오늘날 우리 삶과는 맞지 않는 전제들을 마주치기도 합니다. 5세기 무렵 동지중해 수도원 생활의 팍팍하고 엄격한 일상은 오늘날 우리가 발 딛고 있는 현실과는 사뭇 다르고, 때로는 낯설고 기이하게 보이기까지 하지요. 하지만 그 표면을 뚫고 들어가 보면, 거기에는 상식과 현실 감각, 그리고 그 무엇보다 이 모든 과정에 반드시 필요한 하나님에 대한 근본적인 신뢰가 있습니다. 수도자들은 우리를 정확히 보시되 우리가 기도로 간구했던 바로 그 명료함으로 보시며, 결코 우리에게서 고개를 돌리지 않으시는 하나님을 믿었습니다. 그렇기에 분별을 배우고, 긍정적인 충동과 부정적인 충동을 가리는 법을 익히면 우리는 점차 '정념'으로부터 자유로우신 하나님의 자유, 곧 우리를 향한 하나님의 '무정념'을 반영하게 됩니다. 하나님은 우리의 행동에 따라 이리저리 흔들리는 시선으로 우리를 보지 않으십니다. 우리의 못난 모습을 보고 화를 내거나 역겨워하지 않으시며, 반대로 우리가 커다란 성공을 거두었다고 해서 우리를 이전보다 더 사랑하시지도 않습니다. 하나님은 있는 그대로를 보시고, 당신의 사랑으로 안으시며, 당신의 은총으로 변화시키십니다. 이것이 예수 그리스도께서 전하신 복음, 예수 그리스도라는 복음

영혼의 참된 자유

의 핵심입니다. 그러니 우리가 자신의 모습을 보고 화가 나거나 역겨움을 느낀다면, 무언가 잘못된 것입니다. 하나님께서 우리를 사랑하시듯 우리 자신을 사랑하고 있지 않은 것이지요.

이는 자신을 있는 그대로 받아들이라고 말하는 밋밋한 뉴에이지식 이야기가 아닙니다. 하나님께서는 진정 차이를 빚어내기를 원하십니다. 하나님께서는 있는 모습 그대로의 우리를 껴안아 주시고 사랑해 주시지만, 그분께서 우리 곁에 계신다면 우리는 자신이 어떤 존재인지에 대해 그분으로부터 영향을 받을 수밖에 없습니다. 진리 곁에 살면서 거짓을 편안해할 수는 없지요. 하나님께서는 우리가 진정으로 살아가길 바라십니다. 우리는 비현실, 곧 실재하지 않는 허상 속에서는 살 수 없기 때문입니다. 죄에는 대가가 따른다는 이야기로 돌아가 볼까요? 하나님께서는 죄에 따르는 대가를 우리 누구보다도, 우리가 상상할 수 없을 만큼 잘 알고 계십니다. 성금요일 우리는 "죄의 값을 치를 만큼 선한 이는 아무도 없네"라고 노래합니다.* 속죄의 의미를 놀라울 정도로 단순하

---

* 세실 F. 알렉산더Cecil F. Alexander가 쓴 '저 멀리 푸른 언덕에'There is a Green Hill Far Away에 나오는 가사.—옮긴이

영혼의 정념들을 살피는 지도 그리기

고 투명하게 압축한 이 표현은 우리가 알아야 할 바를 정확히 일러 줍니다. 하나님께서 죄된 세상의 대가를 짊어지셨다는 사실, 반역과 거부의 모든 결과를 끝까지 떠안으셨다는 사실 말이지요. 하나님께서는 대가를 아십니다. 그리고 결코 외면하지 않으십니다.

정념에 대한 진단과 분석이라는 이 밑그림을 마무리하기 전에, 앞서 스치듯 언급했던 중요한 주제를 다시 짚고 넘어가는 게 좋겠습니다. 자유와 분별, 명료함이 깃든 삶, 우리를 옭아매는 본능에서 해방된 삶은 인간이 도달해야 할 도덕적 이상이 아닙니다. 이 삶은 우리 안에 성령께서 나타나시는 사건이며, 성령께서 친히 당신을 드러내시는 현장입니다. 『필로칼리아』에 실린 두 대목은 이를 선명하게 보여줍니다. 다시 한번 위대한 교부 디아도코스의 글을 보겠습니다. 참고로 여기서 '지성'이라는 말을 쓰기는 했지만, 그리스어 '누스'를 온전히 담기에 그리 적절한 말은 아닙니다. 누스는 우리가 흔히 생각하는 지성을 넘어 직관과 관조까지를 아우르는, 훨씬 넓은 의미를 지닌 말입니다.

❖ 우리의 지성(누스)이 하나님과 악마와 함께 거주하는 곳이 될 수 없음은 분명합니다. 사도 바울이 "나 자신은, 지성으로는

하나님의 법을 섬기고, 육신으로는 죄의 법을 섬기고 있습니다"(롬 7:25)라고 말한 바 있습니다. 지성이 악령들과 싸울 자유가 없고 은총에 기꺼이 복종할 상태가 아니라면 어떻게 그런 말을 할 수 있었겠습니까? 그가 그렇게 말할 수 있었던 이유는 기만하는 악한 영들이 영적인 길을 걷는 이들의 육신 안에 은밀히 숨어 있을 수 있었기 때문입니다. "나는 내 속에 곧 내 육신 속에 선한 것이 깃들여 있지 않다는 것을 압니다"(롬 7:18)라는 사도의 말은 단순히 개인의 의견이 아닙니다. 악령들은 지성을 공격하지만, 음란한 유혹을 통해 육신의 감각을 쾌락의 비탈길로 미끄러뜨리는 방식을 씁니다. 죄와 처열하게 싸우는 이들의 육신 안에도 악령이 머물도록 하나님께서 허용하신 데에는 다 선한 목적이 있습니다. 이를 통해 인간의 자유의지가 끊임없이 시험대에 오르기 때문입니다. 어떤 사람이 살아있는 동안 자신의 수고를 통해 죽음을 미리 겪으면, 그는 온전히 성령이 머무는 곳이 됩니다. 그런 사람은 육신의 죽음을 맞이하기도 전에, 이미 부활한 셈입니다. 복된 사도 바울과 죄에 맞서 끝까지 싸웠고 지금도 싸우고 있는 모든 이가 그러했듯 말이지요.◆

◆　*Philokalia* I, p. 284.

영혼의 정념들을 살피는 지도 그리기

지금 여기서 진실로 이야기하는 것은 부활의 삶입니다. 이는 인간이 성령이 깃드는 곳이 되는 삶이라고도 할 수 있습니다. 우리라는 작은 배를 집어삼킬 듯 덤벼드는 온갖 유혹과 충동을 이해하고, 이들과 함께, 이들을 뚫고 살아가는 법을 배울 때 부활의 삶은 실현됩니다. (7세기 인물로 추정되는) 카르파토스의 요한John the Carpathian은 고린도후서 5장을 인용합니다.

❖ 우리는 하늘로부터 오는 우리의 집을 덧입기를 갈망하면서, 이 장막집에서 탄식하고 있습니다……그리하여 죽을 것이 생명에게 삼켜지게 하려는 것입니다(고후 5:2, 4).

이어서 그는 말합니다.

❖ 이는 이 시대가 끝난 뒤 육신이 겪을 일일 뿐만 아니라, 지금, 여기서 영적으로 앞당겨 맛볼 수 있는 일입니다. "죽음을 삼키고서 승리를 얻었"(고전 15:54)기 때문입니다. 하늘로부터 권능이 우리에게 내려오면, 우리를 괴롭히며 추격하던 모든 이집트 군대를 파도가 삼킬 것입니다.❖

❖ *Philokalia* I, p. 307.

영혼의 참된 자유

지금 우리는 우리의 출애굽에 관해 이야기하고 있습니다. 우리는 홍해를 건너고 있으며, 어렵고 힘들지만, 마침내 우리를 변화시키는 자유의 땅으로 나아가고 있습니다. 부활절 전례에서는 홍해를 건너고, 노예 상태에서 탈출하며, 방향을 잃은 듯한 캄캄한 어둠 속에서 길고 험한 우회로를 돌아 마침내 약속의 땅으로 들어가는 심상을 매우 중요하게 다루었습니다. 초기 그리스도교 저술가들에게도 굉장히 중요했지요. 우리는 포로 상태에서 구원받았습니다. 우리를 불안하게 만들고 비인간화하는 내부의, 외부의 힘들로부터 해방되었습니다. 우리는 사랑의 신비를 마주했습니다. 그 사랑은 너무나도 압도적이고 말로 표현할 수 없어서 때로는 두렵기까지 합니다. 그래서 성경 속 시내 반도를 헤매던 이스라엘 백성처럼 차라리 예전으로 돌아가는 게 더 편하겠다는 생각이 들 때도 있습니다. 하지만 뒤로 돌아가려는 유혹에 대해 나누었던 이야기를 기억하십시오. 우리는 결코 제자리에 머물러 있을 수 없습니다. 성장하거나 위축될 뿐입니다. 그러나 이 방향 감각을 잃은 이 상태를, 미래에 대한 두려움을 뚫고 길을 찾아낼 수 있다면 그 여정의 끝에는 젖과 꿀이 기다리고 있습니다(초기 그리스도교 세례 예식에서 세례받은 이들이 받았던 바로 그 젖과 꿀 말이지요). 바로 지금, 여기에서 부활이 있습

영혼의 정념들을 살피는 지도 그리기

니다. 성령께서 오셔서 우리의 삶을 당신의 집으로 삼으십니다. 우리가 이를 진정 원한다면, 그리고 이 소망을 우리를 위해 중보하시는 분, 부활하신 그리스도의 손에 맡기면 우리는 하나님께서 우리를 본향으로 인도하실 거라고 신뢰할 수 있게 됩니다.

2

교만, 무기력, 그리고 우리가 누군가에 의존해 있다는 진실

예수께서는 심령의 가난, 곧 의존성을 인식하는 능력을 가리키며 팔복의 문을 여십니다. 그리고 이 땅의 모든 피조물이라는 가족과 공유하는 아픔과 고통을 인정하라고 촉구하십니다. 이렇게 정념과 팔복의 첫 번째 짝을 살피면 예수께서 가리키신 하나님 나라의 삶이 어떤 방식인지 이해할 수 있습니다.

이제 영혼의 정념들을 하나씩 차례로 들여다볼 시간입니다. 지금까지 살펴본 수도 전통이 이 정념들을 어떻게 분석하고 이해했는지 살펴보려 합니다. 저는 이 정념들과 복음서의 팔복 사이에 모종의 연결 고리가 있다고 생각합니다. 마태복음에 나오는 여덟 가지 복을 우리 영혼이 병들었을 때 나타나는 모습의 뒤집힌 거울로 보는 것이지요.

앞서 보았듯 영혼의 정념과 파괴의 충동을 다루는 대부분의 분석은 '교만'을 모든 문제의 뿌리로 지목합니다. 그래서 교만은 목록 맨 앞이나 맨 뒤에 등장하곤 하지요. 카시아누스의 경우에는 교만을 맨 마지막에 다루었습니다. 교만을 "가장 사나운 악령"이라고, 지금까지 논의한 그 어떤 존재보다도 불길하고 사악하다고 이야기했지요. 카시아누스의 지적에 따르면, 다른 정념이나 본능은 자아의 귀퉁이를 갉아먹는 데 그치지만, 교만은 뿌리를 공격합니다. 자아를 완전히 파괴하고 그 기초까지 무너뜨려 버리지요.

❖ 교만으로 인해 하늘에 있다 타락한 천사가 이를 증명합니다. 하나님께서는 그를 창조하셨고, 모든 덕과 지혜를 그에게 주셨습니다. 하지만 그는 이를 주님의 은총으로 돌리려 하지 않았습니다. 자신의 본성이라고 여겼습니다.*

교만, 무기력, 그리고 우리가 누군가에 의존해 있다는 진실

달리 말하면, 교만의 본질은 마음 깊은 곳에서 우리가 누군가에게 의존하고 있다는 사실을 감사히 여기지 못하고, 그 의존성을 하나님의 은총으로 받아들이지 못하는 데 있습니다. 자신의 의존성을 용납하지 못하는 것이지요. 누군가는 이렇게 반문할지 모릅니다. "하지만 우리는 독립적인 존재가 되어야 하지 않습니까? 자율성, 성인이 되어 책임을 지는 것이야말로 우리가 모두 힘써 얻어야 할 위대한 가치가 아닌가요?" 이에 대해 그리스도교 복음은 그렇기도 하고, 아니기도 하다고 대답합니다. 물론 올바른 의미에서 '자기 결정'self-determination은 분명 존재합니다. 하나님께서는 자유로우신 분이며, 우리가 자유를 발휘할 때 비로소 우리 안에 심긴 하나님의 형상이 생동하니 말이지요. (꽤 중요한 의미에서) 하지만 우리는 좋든 싫든 매 순간 의존하는 존재입니다. 우리는 우리가 받은 모든 것, 그리고 지금 받고 있는 모든 것에 기대어 살아갑니다. 우리는 우리의 인간됨을 부모와 양육 환경에 빚지고 있습니다. 생명을 유지하기 위해서는 매 순간 호흡과 식사에 의존합니다. 인격체로서 우리는 끊임없이 무언가를 받아들이고 흡수합니다. 이 사실을 부정하면 우리는 더 인간다워

♦   *Philokalia* I, p. 92.

지는 것이 아니라 오히려 덜 인간다운 존재가 되어버립니다. 성령 안에서 사는 삶, 하나님과 관계 맺는 삶에서는 이를 인식하는 것이 결정적으로 중요합니다. 앞서 언급했던 문구를 기억하십시오. 하나님께서 계시기에 우리가 존재합니다. 우리가 지금 이 모습으로 존재하는 이유는 하나님께서 지금 그 모습으로 계시기 때문입니다. 그러므로 온전히 나 자신이 되기 위해서는 하나님에 대한 앎이 자라야 합니다. 이 연결 없이는 우리도 존재할 수 없습니다. 이는 우리가 숨을 들이마셔야 살 수 있다는 사실만큼이나 기초인 법칙입니다. 앞서 죄란 새끼손가락과 엄지손가락 사이에 펜을 끼우고 글씨를 쓰려는 것과 같은 인간성의 기형적인 왜곡이라고 이야기한 바 있습니다. 이와 유사하게, 교만은 마치 떼를 쓰는 아이처럼 얼굴이 터져버릴 때까지 숨을 참는 것입니다. 교만은 숨을 들이마시기를 거부하는 것, 그리하여 하나님을 하나님으로 모시기를 거부하는 태도입니다. 그분은 우리 존재의 근원이자 우리의 힘이 향하는 지점인데도 말이지요. 바로 이를 염두에 두고 카시아누스는 타락한 천사 이야기를 통해 '자기에 대한 의존'의 위험성을 경고했던 것입니다. 타락한 천사, 곧 천사장 루시퍼가 하나님을 바라보며 한 독백을 상상해 본다면 아마 이럴 것입니다. '하나님은 참으로 위대하고 아름답고 놀랍구

교만, 무기력, 그리고 우리가 누군가에 의존해 있다는 진실

나. 그러므로 그는 내 경쟁자야. 나도 위대하고 아름답고 놀라우니까. 그러니 이제는 하나님보다 더 위대하고, 더 놀랍고, 더 아름다워지겠어.'

이렇게 하나님을 경쟁자로 보는 순간, 그저 하나님이 하나님이라는 이유만으로 그분을 저기 바깥에서 '나'를 위협하는 존재로 보는 순간, 우리는 가장 중요한 진실을 보지 못하게 됩니다. 하나님은 결코 우리의 경쟁자가 될 수 없습니다. 하나님은 이미 우리의 생명이시기 때문입니다. 그리고 이와 관련해 우리가 할 수 있는 일은 아무 것도 없습니다. 하나님께서는 언제나, 이미 우리의 생명이십니다.

하나님이 계시기에 우리가 있습니다. 이 사실을 잊는 순간, 우리는 우리 자신을 그림자 같은 희미한 존재, 일종의 유령 같은 삶으로 전락시켜버립니다. 많은 사람들이 타락한 천사, 악마를 두고 이렇게 말하곤 합니다. 아주 기발하지만, 아주 멍청하다고 말이지요. 때로는 이를 기억하는 게 중요합니다. 파괴의 힘인 악마는 (앞서 살핀 다른 악령들처럼) 엄청나게 교활하고 수완이 좋지만, 그 뿌리를 보면 멍청하기 짝이 없다는 사실을 말이지요. 여러분 중에 새를 사냥하는 고양이의 모습을 본 적이 있는지 모르겠습니다. 그때 고양이는 교활한 표정으로, 매우 조심스럽고 은밀하게 새에게 다가갑니다. 새는

영혼의 참된 자유

나뭇가지에 앉아 그 모습을 지켜보지요. 그리고 결정적인 순간, 고양이가 새를 덮치는 바로 그 순간 새는 훌쩍 날아가 버립니다. 어둠의 군주를 이렇게 새를 쫓는 (다소 둔한) 고양이로 바라보는 것, 곧 교활함과 수완이라는 거창한 무기로 무장했지만, 정작 무슨 일이 벌어지고 있는지 근본적으로 알지 못하는 존재로 보는 것이 도움이 될 때가 있습니다. 악마가 본래 있어야 할 자리에 묶어둘 수 있기 때문이지요.

우리는 올바른 의존을 배워야 합니다. 우리가 존재하는 이유는 하나님이 계시기 때문이며 우리 존재의 뿌리는 하나님의 자기 내어주심에 있다는 사실을 알아야 합니다. 바로 여기서 팔복 중 첫 번째 복과의 연결고리가 생깁니다. 전통적인 번역은 첫 번째 복을 언급한 구절을 "심령이 가난한 자는 복이 있나니"(마 5:3)라고 옮겼습니다. 널리 알려져 있듯 새영어성경*New English Bible* 이 구절을 "하나님이 필요하다는 사실을 아는 이들은 행복하다"고 번역했지요.* 사실 꽤 괜찮은 번역입니다. 히브리 경전들에서 말하는 "가난한 자"는 단순히 살림

* 새영어성경NEB 은 영국의 주요 교단들이 연합해 옥스퍼드 대학교와 케임브리지 대학교 출판부에서 발행한 성경 번역본으로 제임스흠정역의 고어체에서 벗어나 현대적인 영국 영어로 번역하는 것을 목표로 했다. 1961년 신약이 출간되었고 1970년 완역본이 출간되었다.—옮긴이

교만, 무기력, 그리고 우리가 누군가에 의존해 있다는 진실

살이가 빈곤한 사람만을 뜻하지 않기 때문입니다. 시편에서 가난한 이들의 공동체를 말할 때 이는 하나님의 백성 전체를 가리킵니다. 하나님 없이는 아무것도 될 수도, 할 수도, 가질 수 없음을 온전히 깨달은 공동체 말이지요.

다시 말해, 가난한 이들의 공동체란 '하나님이 계시기에 내가 있다'는 사실을 선명하게 인식하고 있는 이들입니다. 예수께서 "심령이 가난한 자"라는 표현을 쓰셨을 때, 자신의 정체성이 하나님에게 뿌리내리고 있음을 인정하는 히브리 전통이 그 배경에 있었으리라 짐작하는 건 어려운 일이 아닙니다. 따라서 "심령", 곧 영(그리스어로는 '프뉴마'pneuma)이 가난한 사람들은 자신의 프뉴마(호흡)를, 자신이 누군가에게 의존해야만 한다는 사실을 일깨우는 통로로 받아들이는 사람들입니다. 그들은 숨을 내쉴 수 있는 것이 오직 내면 깊은 곳에서 오가는 하나님의 흐름, 곧 하나님께서 선물로 주시는 생명의 호흡으로 인해 가능하다는 것을 압니다.

그러한 면에서 '영'이 '호흡'을 뜻한다는 건 의미심장합니다. 성령의 삶은 우리의 호흡에 또 다른 차원을 더하는 삶입니다. 폐와 복부 더 깊은 곳까지 닿아 우리를 더 깊이 채워주는 호흡을 상상해 보십시오. 하나님이 계시기에 내가 있음을 아는 이들은 복됩니다. 그들은 '나'의 날숨과 들숨 너머, 그

밑바닥에 하나님의 숨결, 부활하신 예수께서 갓 태어난 어린 교회에 생명을 불어 넣어준 성령이(요 20:20) 있음을 압니다.

그렇다면 교만은 어떻게 다루어야 할까요? 물론 억지로 자신을 깎아내리는 방식이어서는 안 됩니다. 대신 자신을 하나님의 호흡이라는 리듬 안으로 밀어 넣어야 합니다. 우리가 실제보다 더 보잘것없는 존재인 척 연기하는 게 아니라 우리의 진짜 뿌리가 어디인지 알아야 합니다. 하나님을 우리와 대치하는 경쟁자가 아니라 우리 안에서 생명이 더 충만하게 솟아오르게 하시는 내면의 깊이로 받아들여야 합니다. 교만에 대한 해답은 '심령의 가난', 곧 우리가 하나님을 필요로 하는 존재임을 인정하는 것입니다.

마태복음에서 예수께서는 곧이어 "애통하는 자"는 복이 있다고 말씀하시며 그들이 위로를 받게 될 거라고 약속하십니다. 이 애통하는 자의 복은 수도 전통에서 말하는 '아케디아', 곧 무기력이나 세상만사 모든 게 귀찮고 상관없다는 듯한 무관심과 정반대되는 개념이자 치유제로 볼 수 있지 않을까요? 애통하는 사람, 슬퍼하는 사람은 마음을 쓰는 사람입니다. 무언가를 상실하면 이를 그대로 아파할 수 있는 능력을 갖춘 사람이지요.

수도 문헌에서 무기력과 냉담을 분석한 부분을 살펴보

면, 거기에는 지루함과 잘못된 초연함이 동시에 묘사되어 있습니다. 탈진한 모습, 세상만사를 귀찮아하고 상관없어하는 태도를 지닌 모습, 곧 마음이 딱딱하게 굳어버린 모습을 하고 있지요. 초기 문헌들은 이 상태를 탁월하게 분석했습니다. 에바그리우스는 이 정념을 '한낮의 악령'noon-day demon이라고 부르며 이와 관련된 상황을 다음과 같이 묘사했습니다. 사막에서 홀로 수행을 하는 수도자가 있습니다. 해는 중천에 떴고, 잠자리에 들기 전까지 그가 할 일이라고는 바구니를 짜고 시편을 읊는 것밖에 없습니다.* 솔직히 말해, 보람이라고는 눈곱만큼도 찾아볼 수 없습니다. 수도자는 혼잣말을 시작합니다. "난 훨씬 더 쓸모있는 사람이 될 수 있는데. 더 생산적인 삶을 살 수도 있다고. 누군가는 내 조언을 필요로 할텐데. 그래, 이웃을 찾아가서 좋은 말이라도 해줘야겠어. 나한테는 줄게 많이 있는데, 이런 고독 속에 썩힐 수는 없지. 이건 낭비야." 이렇게 자아와 그 자아가 만들어낸 환상은 걷잡을 수 없이 부풀어오릅니다. 이는 결국 자신이 안고 살아가야만 하는 내면의 가난을 마주하기 싫어 눈을 가리는 수단이 됩니다. 수도자는 자신이 어떤 대단한 사람이 될 수 있는지에 대한 환상

---

*   *Praktikos* 12, pp. 18-19.

으로 공허를 채우려 했습니다. 하지만 이는 공허를 메우려는 몸부림일 뿐, 그 밑바닥에 깔린 결핍을 외면하는 것입니다. 자아가 벌이는 소란스러운 일들의 시동을 끄고 잠시 한구석에 세워두어야 한다는, 그 기본적인 필요를 외면하는 것이지요. 바로 이 때문에 '한낮의 악령'이 부추기는 대로 환상에 빠져들면 무기력이 해소되기는커녕 오히려 걷잡을 수 없게 됩니다. 화려한 환상과 초라한 현실 사이에서 자기혐오와 조급증, 원망만 늘어날 테니까요.

아케디아, 무기력, 삶이 황량하다는 인식, 이 모든 것은 결국 우리를 양자택일의 기로에 세웁니다. 그 무게를 견디지 못해 무너져 내리거나, 아니면 새로운 차원으로 뚫고 나아가거나 둘 중 하나지요. 무너지는 일이 겉으로 요란하게 드러나지 않을 수도 있습니다. 그저 냉소와 무관심이라는 얇은 껍질을 한 겹 더 두르는 정도일 수도 있고, 어떻게든 하루를 버텨내기 위한 임시방편의 습관이 하나 더 생기는 정도일 수도 있습니다. 하지만 삶에 대한 심드렁한 태도 밑바닥에는 자신을 방어하려는 고질적인 습관이 자리하고 있습니다. 의존과 결핍, 불확실성, 그리고 이에 수반되는 지루함을 감내하며 사는데 드는 진짜 비용을 치르지 않으려 끊임없이 자신을 보호하는 것이지요.

견진성사를 받는 이들에게 "여러분은 이제 그리스도인의 삶 중 지루하고 보람을 느끼지 못하는 시기에도 익숙해져야 합니다"라고 찬물을 끼얹는 주교가 저 한 사람만은 아닐 것입니다. 축하받는 자리, 특히 젊은 신자나 새 신자에게는 정말 듣기 싫은 소리겠지만 말이지요. 하지만 진실이 그러합니다. 평범한 성인의 삶은 때로 지루합니다. 이 진실을 받아들이십시오. 끌어안으십시오. 견뎌내십시오. 그리고 (친숙한 조언이기는 하나) 당황하지 마십시오. 환상을 통해, 또는 스스로 만족할 만한 자기상像을 쌓아 올려 지루함을 정복하려 한다면, 과거에 대한 향수나 원망, 또는 자신이 갈 수 있었던 길에 대한 미련으로 지루함과 싸우려 한다면 당장은 위안을 얻을 수 있을지 몰라도 결국에는 진실 대신 허구를 택하는 것입니다. 대신 애통하는 이들을 향한 저 낯선 축복에 귀를 기울여 보십시오. 지금 겪는 그 일이 아프다는 사실을 인정하는

◆   견진성사는 성공회와 로마 가톨릭 교회와 같은 전례 교회에서 행하는 예식으로, 주로 유아 세례를 받은 이가 성장하여 스스로 신앙을 고백하고 주교에게 안수를 받음으로써 성령의 선물을 확증하는 성사다. 개신교의 입교 예식과 유사하지만, 신앙적으로 성인이 되었음을 선포하는 일종의 '영적 성인식'과 같아서 가족과 교우들의 축하를 받는 날이다. 저자는 이런 축제 분위기 가운데 앞으로의 신앙생활은 지루할 것이라고 설교하는 상황의 아이러니를 말하고 있다.—옮긴이

걸 두려워하지 마십시오. 세상 자체가 아픈 곳이라는 사실을 인정하기를 두려워하지 마십시오. 우리에게 일어날 수 있는 최악의 일은 영이 마비되는 것입니다. 자신의 아픔도, 타인의 아픔도 알아차리지 못하게 되는 것이지요. 아픔을 인정하는 것이 고통에 잠식당한다는 뜻은 아닙니다. 고통의 현실을 인정하고 그 원천을 직시할 때에만, 비로소 고통에 갇히지 않는 법을 익힐 수 있습니다. 초기 그리스도교의 또 따른 위대한 인물인 은수자 마르쿠스Mark the Ascetic는 말했습니다.

❖ 하나님을 기억하는 일은 곧 헌신의 영으로 마음의 고통을 견디는 과정이다. 하나님을 잊으면, 당신은 방종에 빠지고 무감각해진다(그리스어로는 '아나이스테토스'anaisthetos, 곧 마비된 상태가 된다). 정념에서 자유로운 사람은 고통을 겪지 않는다고 말하지 말라. 설령 자기 자신 때문에 고통받지 않더라도, 이웃 때문에 고통받을 것이다.

정념에서 자유로워진다고 해서 고통과 슬픔에서 벗어나는 것은 아닙니다. 여기서도 균형을 찾는 일은 어렵습니다. 고통을 자초하거나 고통에 빠져 허우적대는 것이 아니라 자신의 아픔과 슬픔을 정직하게 받아들이고, 이웃의 슬픔 또한

교만, 무기력, 그리고 우리가 누군가에 의존해 있다는 진실

정직하게 받아들이는 것, 그리하여 연민으로 이웃의 필요를 내 것처럼 짊어져야 합니다.

애통함, 슬픔은 자유로운 삶의 일부입니다. 매우 이상한 이야기처럼 들릴지도 모르겠습니다. 하지만 그 반대의 삶, 끊임없이 애통함을 차단하고 자신의 고통을 부정하며 타인의 고통을 가볍게 여기는 삶을 생각해 보십시오. 지극히 비현실적이고 정직하지 못한 삶일 것입니다. '나'를 인간이 아닌 다른 존재인 양 행세하고, 세상 또한 실제와는 전혀 다른 곳처럼 여기는 삶이지요. 이는 자유를 위한 좋은 길이 아닙니다. 자유란 언제나 현실의 제약이 무엇인지 예리하게 감지하는 데서 오기 때문입니다.

따라서 무기력의 반대말은 지루함과 꺾인 자존심에서 빠져나가기 위해 안절부절못하며 만들어 내는 온갖 방어 기제들이 아닙니다. 내게 일어나는 고통이나 세상에서 일어나는 고통에서 눈을 돌려버리는 회피도 아닙니다. 무기력의 진정한 반대말은 애통해할 수 있는 자유입니다. 하나님께 이렇게 말할 수 있는 자유이지요.

❖ 주님, 제 아픔을, 상실감을 인정합니다. 그로부터 숨지 않겠습니다. 세상이 불의와 고통에 상처 입었음을 인정합니다. 하나

영혼의 참된 자유

님, 저는 지금 여기 당신 앞에 서서 이 사실을 소리 내어 말하고 있습니다. 이 모든 아픔을 당신께 가져갑니다.

바로 이 때문에 유대인과 그리스도인의 기도에는 시편의 위대한 항변과 탄식이 깊이 뿌리 내리고 있습니다. 바로 이 때문에 아우구스티누스는 그리스도께서 우리 안에서, 우리와 함께 기도하고 계신다는 사실을 기억해야 한다고 말했습니다. 그에 따르면 하나님 앞에 세상을 대신해 애통해하고 탄식하는 분은 그리스도이십니다. 그리고 그리스도의 몸인 우리는 죄와 불의를 슬퍼하는 그분의 탄식을 나눕니다. 세상에 일어나는 악은 남의 문제가 아닙니다. 그것은 우리 모두의 상실, 곧 우리 한 사람 한 사람을 잃어버린 것이나 다름없기 때문입니다.

그리스도께서는 세상을 위해 고통받으십니다. 그리스도께서는 단 한 번, 완전히 고통받으십니다. 그리스도께서는 하늘에 있는 성소에서 하나님 앞에 세상의 고통을 내어놓으십니다. 그렇습니다. 그리고 그리스도의 몸인 우리도 그 영원에서 이루어지는 탄식과 중보의 메아리를 듣습니다. 그리스도께서 그 탄식을 자신의 것으로 삼으셨듯, 우리도 우리의 기도와 항변이 그분의 것이 되게 합니다. 우리는 그분과 함께 애

교만, 무기력, 그리고 우리가 누군가에 의존해 있다는 진실

통해합니다. 우리의 죄를 슬퍼하고 세상의 죄와 슬픔을 아파하며 탄식합니다. 그리고 그 애통함 가운데 우리는 그리스도를 향한 신뢰를 고백합니다. 그분에게는 모든 고통 곁에 함께 하실 수 있는 자유, 이지러진 세상을 거룩하게 변모시킬 수 있는 자유가 있습니다.

예수께서는 심령의 가난, 곧 의존성을 인식하는 능력을 가리키며 팔복의 문을 여십니다. 그리고 이 땅의 모든 피조물과 공유하는 아픔과 고통을 인정하라고 촉구하십니다. 이렇게 정념과 팔복의 첫 번째 짝을 살피면 예수께서 가리키신 하나님 나라의 삶이 어떤 방식인지 이해할 수 있습니다. 바로 심령의 가난, 그리고 탄식할 수 있는 자유이지요. 이 두 가지는 우리가 교만과 무관심에서 돌아서도록 우리를 이끕니다. 달리 말하면, 의존성을 인정하지 않으려는 고집과 자신의 연약함을 받아들이지 않으려는 거부반응에서 돌아서게 합니다. 바로 그곳에 씨앗, 곧 우리가 되어야 할 바, 하나님께서 우리에게 바라시는 바를 담고 있는 성장의 씨앗이 뿌려집니다. 이 성장을 통해 우리는 하나님께서 인류에게 의도하신 목적, 곧 맑은 시선과 사랑을 향해 나아갑니다.

.

분노, 탐식, 그리고 가난이라는 은총

우리가 창조 세계 안에서 균형 잡히고 이치에 맞는 방식으로 살기 위해 필요한 것은 이웃의 안녕과 번영이며 이웃에게 정의가 이루어지는 것입니다.

초기 그리스도교 수도 문헌에서 발견되는 흥미로운 특징 중 하나는 많은 저술가가 '분노'에 대해서만큼은 유독 너그러운 태도를 보인다는 점입니다. 분노는 꽤 긍정적으로 평가할 여지가 있는 정념입니다. 왜냐면 공격적인(『필로칼리아』 표준 번역에서는 '행동을 유발하는'incensive이라고 번역했습니다) 힘은 우리 내면에 있는 야수들이 지닌 다른 요소들보다 긍정적으로 쓰일 가능성이 훨씬 크기 때문이지요. 우리는 분노의 방향을 특정 대상에 돌림으로써 유익을 얻을 수 있습니다.* 하지만 바로 이 때문에 분노는 위험하기도 합니다. 우리는 '의로운 분노'righteous anger가 어떤 상황에서는 칭찬받을 만한 일임을 잘 알고 있습니다. 하지만 동시에 얼마나 강력한 유혹인지, 얼마나 자기 정당화를 위한 좋은 구실이 되는지도 잘 알고 있지요. 초기 본문들에 따르면, 분노는 마땅히 우리 자신의 게으름, 거짓됨, 부패를 향해 쓰여야 합니다. 또한 우리 주변 세상에서 충분히 변화시킬 수 있는 불의와 고통을 향해야 합니다. 실제로 분노라는 정념이 주어진 이유는 우리 자신과 세상의 실패 앞에서 변화를 위한 역동적인 반응을 끌어내기 위해서입니다. 분노란 우리가 부르심 받은 모습대로 살지 못하고

---

*   예를 들면, *Philokalia* I, pp. 22, 47, 168.

분노, 탐식, 그리고 가난이라는 은총

있다는 사실, 얼마든지 그렇게 될 수 있음에도 그러지 못한다는 사실 앞에서 체념하거나 주저앉지 않도록 막아주는 힘입니다. 여기까지는 좋습니다. 하지만 우리가 분노와 관련해 흔히 듣는 표현들(눈에 핏발이 선 상태, 귀에 들리는 윙윙거리는 소리, 떨리고 요동치는 몸)을 떠올려 보십시오. 수도 전통에 속한 저술가들도 이런 증상을 잘 알고 있었습니다. 그래서 분노에 관한 가장 중요한 사실을 강조하곤 했지요. 무엇이 분노를 돋우었든, 싸워 마땅한 악을 향한 분노라 할지라도 분노는 분노한 사람의 눈을 멀게 하는 효과가 있다는 것입니다. 카시아누스는 "분노가 마음에 머물면 어두운 무질서로 마음의 눈을 멀게 한다"고 말한 바 있습니다. 이어서 그는 분노가 지닌 양면성을 생생하게 묘사했습니다.

❖ 금으로 만든 잎이든 납으로 만든 잎이든 그 잎이 눈을 가린다면 앞이 보이지 않는 건 매한가지다.

변화를 끌어내는 의로운 분노라는 '금'이든, 자기만족만을 추구하고 원망이 가득한 분노라는 '납'이든 시야를 제한하기는 마찬가지라는 것이지요. 이 때문에 분노를 다룰 때는 분별이 매우 중요합니다. 아무리 의로운 분노라 할지라도 이

영혼의 참된 자유

를 탐닉하거나 즐기지 않도록 주의 깊게 살피고 성찰해야 합니다. 분명 의로운 분노가 있고 적절한 분노가 있습니다. 하지만 이는 너무나 쉽게 자기의自己義에 빠진 분노로 미끄러져 버립니다. 자신에 대한 망상을 강화하는 격정어린 습관으로 변질되어 버리는 것이지요. 아프리카 시골 공동체에서 가난하고 학대받는 이들을 위해 헌신했던 한 선교사의 책에는 이를 잘 보여주는 대목이 등장합니다.※ 기도하는 와중에 그는 이런 질문과 맞닥뜨렸다고 고백합니다. 당신의 분노는 누구를 섬기고 있습니까? 지금 느끼는 분개, 항의하고픈 감정은 당신의 기분이 나아지게 하려는 것입니까? 아니면 상황을 변화시킬 힘이 되는 것입니까? 이 질문은 거듭 물을 가치가 있습니다. 분노의 위험성을 아주 명확하게 보여주기 때문입니다. 가장 먼저 '나'를 섬기는 분노, 내 감정을 해소해 주는, 내가 옳다는 확신, 내가 통제하고 권력을 쥐고 있다는 망상을 채워 주는 분노는 위험천만합니다. 상황 안팎으로 무엇이 바뀌어야 하는지 제대로 보지 못하게 만들 위험이 있기 때문입니다. 카시아누스와 수도 전통에 속한 다른 이들에 따르면 우

◆   *Mary, Mother of Sorrows, Mother of Defiance* (Maryknoll, NY: Orbis Books, 1993).

분노, 탐식, 그리고 가난이라는 은총

리는 분노의 초점을 우리 자신의 악의적이고 파괴적인 생각들, 우리 주변에 있는 파괴적인 상황들에 맞추어야 합니다. 분노에는 분명 적절한 용도가 있습니다. 수도 문헌들에서는 '영혼의 정념'이 단순히 부정하거나 억눌러야 할, 인간 본성에 따른 본능이 아니라 본래 목적에 맞게 이름을 붙이고 이해해야 할 대상임을 보여주는 가장 중요한 예로 분노를 들곤 합니다. 분노하면서 무슨 일이 일어나고 있는지 모른다면, 이는 눈에 잎사귀를 붙인 것과 다름없습니다. 그 원인이 좋든 나쁘든 말이지요. 카시아누스가 말했든 분노의 결과가 눈이 가려지는 것뿐이라면 이야기는 심각해집니다. 장기적으로 볼 때, 우리는 불의한 분노뿐만 아니라 의로운 분노를 통해서도 영혼에 치명적인 상처를 입을 수 있기 때문입니다.

이 지점에서 우리는 정념들을 이해하고 씨름하는 과정의 가장 근본적인 문제로 되돌아옵니다. 우리에게는 진정한 의미에서 현실 감각이 필요합니다. 자신이 누구인지에 대한 감각 말이지요. 우리는 하나님을 향한 사랑과 섬김을 통해 하나님의 형상으로 자라는 존재입니다. 동시에 통제할 수 없는 세상, 끊임없이 움직이고 불확실성으로 가득 찬 세상이라는 상황 속에 놓인 존재이기도 합니다. 그리고 그렇기 때문에 마태복음에 나오는 팔복 목록 중 분노의 자연스러운 짝은 "온유한 자는 복이 있나니"입니다. 하지만 이번에도 우리는 어휘 문제에 부딪힙니다. "온유한"meek이라는 말은 구제하기 힘든 말입니다. 번역본에 따라 대안으로 쓰이는 "겸손한"humble이라는 말도 딱히 낫다고 할 수는 없습니다. 이 말들을 들으면 찰스 디킨스Charles Dickens의 소설 『데이비드 코퍼필드』David Copperfield에 나오는 유라이어 힙Uriah Heep의 비굴한 모습이나 도전을 마주했을 때 겁에 질려 아무것도 못 하고 위축된 무기력한 모습이 즉각 떠오르기 때문이지요. 하지만 예수께서는 자기 자신을 묘사할 때 이 형용사를 쓰셨습니다(마태복음 11:29). 그리고 복음서가 증언하는 예수, 지면을 뚫고 생생하게 걸어 나오는, 솔직하고 단호하며 때로는 대립도 불사하는 이 분은 도전 앞에서 위축되는 법이 없습니다. 유라리어 힙 같은 비굴한 인물과는 거리가 멀어도 한참 멀지요.

예수께서 자신을 '온유하다'고, 또는 '겸손하다'고 말씀하셨을 때(그리스어로는 '프라우스'praus입니다), 그 말씀은 사람들에게 그들의 짐을 당신께 내려놓으라고 초대하는 맥락에서 나왔다는 점에 주목해야 합니다.

❧ 수고하고 무거운 짐을 진 사람은 모두 내게로 오거라. 내가 너희를 쉬게 하겠다.……나는 마음이 온유하고 겸손하니(마

11:28-29).

이는 예수께서 말씀하시는 '온유함'이 이웃을 향해 기꺼이 열려 있는 마음, 타인을 밀쳐내지 않는 마음, 그리고 이웃의 연약함을 기꺼이 함께 나누려는 마음과 깊이 연결되어 있음을 보여줍니다. 그렇다면 '온유함'은 비굴하게 자신을 낮추는 태도가 아니라, 타인이라는 현실에 깨어 있는 태도로 다시 상상할 수 있습니다. 예수께서 마태복음 11장에서 선언하신 모습처럼 말이지요. 그분의 겸손은 다른 이들이 쉴 곳을 마련해 주는 능력입니다. 겸손한 사람은 불안의 방어벽을 치지 않습니다. 자신의 위치나 안전 때문에 안절부절못하거나 긴장하지 않습니다. 무엇인가를 움켜쥐거나 통제하려 애쓰지 않고 그저 자신이 머무는 자리에 머뭅니다. 온유함이 이런 고요함과 깨어 있음의 속성을 지니고 있다면, 예수와 관련된 몇몇 일화처럼 분노가 고통이나 악, 거짓에 대항하는 뜨거운 항변으로 터져 나올 수도 있다는 사실을 이해할 수 있게 됩니다.

한 동료가 떠오릅니다. 그녀는 매우 침착하고, 좋은 의미에서 놀라울 정도로 평정심을 잘 유지하는 사람이었습니다. 우리가 함께 아프리카를 방문했을 때, 한밤중에 혼란스럽고 발 디딜 틈 없는 공항에서 몇 시간이나 발이 묶인 적이 있습

영혼의 참된 자유

니다. 사막 교부나 교모들의 인내심을 시험하고도 남았을 상황이었지요. 새벽 1시쯤 되었을까요. 우리와 현지 승객들이 서너 번째 활주로까지 나갔다가 도로 쫓겨 들어오기를 반복하던 참이었습니다. 제 동료가 나섰습니다. 그녀는 보채는 아기를 안고 울고 있는 어느 여인 앞을 막아서더니 고압적인 공항 직원에게 단호하고도 날카롭게 일침을 가했지요. 저는 나중에 돌아가면 공항 측에 편지를 써서 기념판이라도 하나 세워달라 해야겠다고 농담을 건넸습니다. 문구는 이렇게 해서 말이지요. '여기, OO이 화를 낼 뻔하다.' 도대체 얼마나 끔찍한 공항이길래 그녀가 화를 낼 뻔했는지 궁금해 공항에 몰려들거라고 저는 믿습니다.[*]

온유함이란 차분하게 주의를 기울이는 태도, 고요함, 통제하려는 조바심에서 벗어난 자유입니다. 온유한 사람, 고요한 사람 곁에서 타인은 자신이 환대받는다고 느낍니다. 이는 '온유'라는 말이 으레 풍기는 주눅 든 태도와는 전혀 다르지요. 앞에서 한 이야기와 연관 지어 생각해보겠습니다. 분노가 우리 내면에서 대상을 밀치고 밀어내는 힘이라면, 환대하는

---

[*]　마가복음 1장 41절의 가장 신뢰할 만한 사본은 예수께서 나병 환자가 고쳐 달라고 호소하자 '분노'하며 반응하셨다고 묘사한다.

분노, 탐식, 그리고 가난이라는 은총

고요함인 온유함은 이와 반대입니다. 온유함은 무언가를 끊임없이 밀어내고 가슴을 치며 위세를 부리는 식의 반응(고대 그리스 사상에서 분노는 '가슴'과 연관이 있습니다)이 떨어져 나가는 것입니다. 온유한 자, 곧 환대하는 고요함 가운데 사는 이들은 "땅을 기업으로" 받습니다. 이것이 그들의 복입니다. 그들의 영은 수용성receptivity을 지니고 있기 때문입니다. 그들은 진리와 진실을 환대하고, 이웃을 환대합니다. 누군가, 무언가를 끊임없이 밖으로 밀어내거나 그들과 싸우거나 방어벽을 세우지 않고 자신들이 살아가는 세상을 있는 그대로 환대합니다. 땅은 그들의 것입니다. 무엇이 내 것이고 아닌지에 대해 집착하지 않기 때문입니다(이는 우리가 앞으로 살펴볼 다른 맥락에서도 계속 등장하게 될 주제입니다).

분노에는 분명 선한 용도가 있습니다. 예수께서도 분노를 사용하셨지요. 하지만 이처럼 분노를 선하게 사용하려면, 그 분노가 반드시 손상된 우리 자신과 세상을 꿰뚫어 보는 진실한 시선의 결실이어야 합니다. 늘 죄를 짓고 사는 우리 같은 필멸자들에게 분노는 유용하면서 동시에 위험합니다. 분노를 제대로 쓰고 있다고 자기 자신을 속이기가 너무나 쉽기 때문이지요. 우리가 분노를 제멋대로, 자기만족을 위해 사용하는 늪에서 벗어나고 싶다면 끊임없이 우리의 분노는 누구를, 그리고 무엇을 섬기고 있는지 물어야 합니다. 동시에 우리는 성령의 은총을 구해야 합니다. 그분이 우리를 고요하게 만드셔서 우리의 시야가 트이고 환대의 문이 열리기를 바라야 합니다. 그 문은 우리를 약속된 기업으로 이끕니다. 이 기업은 땅문서나 재산이 아닙니다. 우리가 세상에서 편안히 거할 수 있고, 타인 또한 편안히 머물게 할 수 있는 상태 바로 그 자체를 말합니다.

수도 전통에 속한 스승들이 분노에 대해서는 유독 너그러운 태도를 보였지만, 탐식에 대해서는 그렇지 않았습니다. 카시아누스를 포함한 몇몇 저술가들은 정념들의 목록을 제시하며 탐식을 가장 먼저 언급했습니다. 당시 문헌들에서는 아담의 타락 원인을 (필요하지 않은 것을 먹는) 탐식으로 보는 경우가 많았습니다. 탐식은 필요한 것보다 더 많은 것을, 필요 이상의 것을 갈구하는 것입니다. 카시아누스가 말했듯 탐식은 다양한 방식으로 드러납니다. 아이러니하지만, 때로 탐식은 금식의 형태로, 그렇게 자신을 드러내려는 욕망으로 나타나기도 합니다. 금식이 단순히 몸의 필요에 주의를 기울이는 행동이 아니라 금욕주의자라는 명성을 유지하려는 욕망에서 나온 행동이라면 이는 영적인 함정에 빠진 것이며 정념의 노예가 된 것입니다.

분노, 탐식, 그리고 가난이라는 은총

당대 모든 스승과 마찬가지로 카시아누스는 실제 필요에 주의를 기울이지 않는 금욕주의를 과도한 탐욕 못지않은 문제로 보았습니다. 탐식과 관련해 그는 에스겔 16장을 인용하며 꽤 놀라운 주장을 펼쳤습니다. 에스겔은 소돔 사람들의 죄를 열거하며 그들의 멸망을 음식물의 풍족함과 한가함과 연결합니다.* 그가 보기에 소돔 사람들은 온갖 사회적 불의를 저질렀습니다. 가난한 이들을 억압하고 이방인들을 학대했습니다. 카시아누스는 묻습니다. "도대체 왜 그랬을까?" 그리고 답합니다. "그들이 탐식의 노예였기 때문이다." 카시아누스가 보기에 소돔이 멸망한 이유는 포도주를 너무 많이 마시거나 다른 방탕한 행동 때문이 아니었습니다. 예언자 에스겔의 표현을 빌리면 "음식물의 풍족함" 때문이었지요.** 우리가 흔히 알고 있는 소돔의 죄에 대한 해석과는 사뭇 다른 해석입니다. 매혹적인 해석이어서 더 파고들고 싶지만, 그랬다간 본론을 놓치니 하려던 이야기를 이어가겠습니다. 하지만 이렇게만 이야기하더라도 카시아누스가 이해한 탐식이 무엇

* 네 동생 소돔의 죄악은 이러하다. 소돔과 그의 딸들은 교만하였다. 또 양식이 많아서 배부르고 한가하여 평안하게 살면서도, 가난하고 못 사는 사람들의 손을 붙잡아 주지 않았다(겔 16:49).

** *Philokalia* I, p. 74.

인지 엿볼 수 있습니다. 탐식은 일종의 비현실에 빠지는 정념의 노예 상태입니다. 내가 실제로 어떤 존재인지, 내게 정말로 무엇이 필요한지를 인식하는 데 실패한 것이지요. 여기서 다시금 이 책의 기본 주제로 돌아옵니다. 내가 의존적인 존재가 되기를 거부할 때 '나'는 내 필요에 대해 신중하게 생각해 보라는 초대를 불쾌하게 여깁니다. 그 결과, 나는 삶의 평범한 필수품 없이도 살 수 있다는 '금욕의 거인'이라는 환상을 만들어 내거나, 실제로는 내게 필요하지도 않고 진실로 원하지도 않는 것들로 내 배를 가득 채웁니다. 그러한 가운데 '나'는 나를 둘러싼 세상과의 관계에서 근본적인 무언가를 잃게 됩니다. 영성 전통이 탐식에 접근하는 방식에 따르면, 탐식은 우리의 피조성을 망각하는 또 하나의 길입니다. 우리는 피조물이 된다는 것이 무엇인지 망각합니다. 그리하여 하나님께서 계시기에 우리가 존재한다는, 기초가 되는 진실마저 놓치고 맙니다.

앞에서 잠시 이야기했듯 탐식은 여덟 가지 정념 목록에서 맨 앞이나 그 언저리에 자주 등장합니다. 그리고 이와 관련해 3세기 오리게네스까지 거슬러 올라가는 강력한 전통이 있습니다. 바로 금단의 열매를 따 먹은 아담의 탐식과 광야에서 행하신 그리스도의 금식을 대비시키는 전통이지요.

분노, 탐식, 그리고 가난이라는 은총

❖ 사람이 빵으로만 살 것이 아니라 하나님의 입에서 나오는 모
든 말씀으로 살 것이다(마 4:4).

악마의 유혹에 대한 예수의 이 응답은 아담의 탐욕과 대
비를 이룹니다. 그리스도께서는 우리가 몸과 영에 양식을 주
는, 창조하며 우리 안에 깃든 말씀으로 살아간다는 사실을,
그리고 당신의 핵심 정체성인 자기를 내어주시는 하나님의
생명으로 살아간다는 사실을 알고 계셨습니다. 바로 이 의존
성을 인정할 때, 우리는 매 순간 하나님의 손 안에서 살게 됩
니다. 하지만 아담은 루시퍼처럼 피조물 그 이상의 존재가 되
기를 원했습니다. 그는 창조 세계에서 피조물이 느끼는 지극
히 평범한 필요와 자연스러운 균형을 벗어 던지려 했습니다.
그 결과 바로 우리가 지금 보고 있는 타락한, 황폐하고, 착취
당하는 세상입니다. 다시 한번, 아담의 사례는 전통이 말하는
영혼의 정념들이 단순히 개인의 기질이 아님을 일깨워 줍니
다. 정념은 우리가 창조 세계, 다른 피조물과 맺는 관계와 관
련이 있습니다. 이 관계를 그르치면 우리는 우리가 몸담은 우
주와 불화하며 겉돌게 됩니다. 그렇게 되면, 인간과 다른 피
조물은 분열로 걷잡을 수 없이 빠져들게 되지요. 이 섬뜩한
현실을 우리는 21세기에 목도하고 있습니다.

영혼의 참된 자유

이 관계의 차원 때문에, 이제부터는 '탐욕스러운 소비'라는 정념의 맞은편에 팔복의 가르침인 "의에 주리고 목마른 것"을 두고 둘을 연결해 보려 합니다. 예수께서는 생존을 위해서가 아니라, 하나님께서 지으신 온 세상의 안녕과 정의로운 균형을 위해 주리고 목마른 이들이 복이 있다고 말씀하십니다. 이는 우리가 진정 우리 자신이 되기 위해서 필요한 것, 우리를 우리가 되어야 할 모습으로 자라게 해주는 양식은 다름 아닌 타인의 안녕, 곧 이웃의 안녕이라는 말씀처럼 들립니다. 우리의 생명이 우리가 먹는 음식에 의존하듯 우리 삶과 번영은 이웃의 안녕에 의존합니다. 요한복음 4장을 떠올려 봅시다. 제자들이 세겜에서 돌아와 사마리아 여인과 대화하시는 주님을 보았을 때 그분은 이렇게 말씀하셨습니다.

❖ 나에게는 너희가 알지 못하는 먹을 양식이 있다(요 4:32).

예수께서는 무엇을 하고 계셨습니까? 한 영혼을 살려내고 계셨습니다. 그분은 지극히 평범한, 달리 말하면 혼란스럽고 죄 많은 인간, 사마리아 여인에게 희망과 비전을 먹이고 계셨습니다. 그녀를 먹이심으로써, 그녀에게 생명을 주심으로써, 그분은 배부르셨습니다. 4장 초반, 야곱의 우물가에 주저앉으셨을 때 보이셨던 그분의 굶주림과 갈증은, 그분이 대화를 나누고 섬기신 한 인격체가 해방되고 활짝 피어남으로써 해소되었습니다. 사마리아 여인에게 정의가 이루어졌습니다. 그녀는 살아가는 데 꼭 필요한 무언가를 받았습니다. 그리고 이제는 이웃들에게 가서 그 빵을 떼어 나눕니다.

❖ 내가 한 일을 모두 알아맞히신 분이 계십니다. 와서 보십시오 (요 4:29).

사마리아 여인이 마을로 달려가며 외친 이 말, 숨이 턱에 닿을 듯 두서없이 쏟아져 나온 이 말은 경이롭고 기쁜 소식이었습니다.

우리가 창조 세계 안에서 균형 잡히고 이치에 맞는 방식으로 살기 위해 필요한 것은 이웃의 안녕과 번영이며 이웃에게 정의가 이루어지는 것입니다. 빈곤, 질병, 폭력, 부패, 재난의 한복판에서 아무런 타격도 입지 않거나 무관심하게 살아간다면, 우리는 굶주리게 됩니다. 이웃에게 베풀지 못하는 실패는 곧 우리 자신의 상처가 됩니다. 이웃이 육신의 기근을 겪는 것만큼이나 분명하게 우리는 영혼의 기근을 겪게 됩니다. 러시아의 사상가 니콜라이 베르댜예프 Nikolai Berdyaev 는 말

영혼의 참된 자유

했습니다. "나를 위한 빵은 물질의 문제이지만, 내 이웃을 위한 빵은 영적인 문제다." 재난 소식을 접할 때, 긴급 구호 요청을 접할 때, 가깝든 멀든 가난과 억압에 대한 보도를 접할 때마다 우리는 이 숨은 의미를 읽어 내야 합니다. 이웃을 위한 빵은 영적인 문제입니다. 정의에, 하나님의 의에 주리고 목마를수록 우리는 하나님께서 원하시는 존재, 곧 하나님의 선물을 나누어 주는 자가 됩니다. 우리의 피조성을 잃어버리게 하는, 우리와 이웃 및 세상과의 연결을 끊어 버리는 탐식과는 정반대의 길이지요. 사마리아 여인을 섬기며 그 만남 가운데 먹을 것과 마실 것을 찾으셨던 주님처럼 우리 역시 이웃의 생명과 안녕을 열렬히 갈구할 때 비로소 배부르게 될 것입니다. 인간이 되는 데 필요한 것을 얻게 될 것입니다.

분노와 탐식이라는 정념은 우리가 살아가는 데 쓰는 두 가지 기본 힘, 그리고 우리가 빠지기 쉬운 두 가지 왜곡을 집약해 보여줍니다. 하나는 자신을 방어하기 위해 무언가를 밖으로 밀어내는 충동이고, 다른 하나는 무언가를 안으로 집어 삼키고 흡수하려는 충동이지요. 두 경우 모두 자아 중심의 자아상을 쌓아 올리는 것과 관련이 있습니다. 그렇기에 두 경우 모두 하나님께서 창조하신 생명체라는 본연의 상과 다시 연결될 때, 참된 겸손함이라는 고요함 가운데 다시 연결될 때

분노, 탐식, 그리고 가난이라는 은총

치유됩니다. 겸손은 나약하거나 회피하는 태도가 아닙니다. 오히려 우리 자신과 타인을 흔들리지 않게 단단히 붙들어 주는 닻입니다. 이웃의 필요와 연결될 때, 우리는 온 우주를 위한 올바른 균형을 찾는 우리 본연의 과업으로 다시 돌아오게 됩니다. 은총이 이곳으로 이끌며, 그렇게 함으로써 우리 본성의 가장 깊은 곳으로, 우리가 마땅히 속해야 할 하나님의 손안으로 우리를 인도합니다. 하나님께서 계시기에 우리가 존재하는 바로 그 자리로 말이지요. 이 은총은 조바심과 억울함, 불안과 허상, 가식, 적대감과 소비로 나와 남을 모두 속이는 연극에서 우리를 건져냅니다. 예수께서 말씀하신 '복 있는' 사람은 환대하는 고요함 속에 살면서도, 동시에 이웃의 안녕과 세상의 치유를 위한 열망으로 불타오르는 이들입니다. 이 모든 이야기는 결국 교만이 내미는 유혹, 곧 우리는 피조물도 아니며 누구에게 기대어 살 필요도 없다는 달콤한 착각을 뿌리치라는 피할 수 없는 도전으로 이어집니다. 앞 장에서도 잠시 다루었지만, 여기에는 역설이 있습니다. 철저한 피조물이 되어 우리가 지닌 본모습을 깊이 받아들일 때 오히려 창조주의 생명, 곧 그리스도 자신의 생명에 더 깊고 충만하게 참여하게 된다는 점 말이지요.

4

탐욕, 색욕, 그리고 자비가 감수해야 할 위험들

인간이 하나님의 형상대로 창조되었다는 믿음은 존중과 사랑이 우리
가 마땅히 해야 할 올바른 반응이라는 생각을 포함하고 있습니다. 우
리는 모든 사람이 존엄과 자유에 대해 합당한 기대를 품을 수 있는 사
회 질서를 구축하기 위해 힘써야 합니다.

앞서 살펴보았듯 초기 수도 전통은 정념 그 자체를 악한 것으로 여기지는 않았습니다. 생존 본능, 그리고 그에 따라 자기 보호와 영양 섭취를 갈구하는 현실은 우리가 피조물이라는 사실의 일부입니다. 문제는 우리가 이들로 무엇을 하느냐, 우리의 본능을 어떻게 단련하느냐, 그리고 무엇이 우리의 반응을 지배하고 명령하게 두느냐에 있습니다.

바로 이 지점에서 자연스러운 본능은 전혀 다른 무언가로 바뀝니다. 카시아누스는 분명하게 탐욕을 부자연스러운 것으로 그립니다. 영혼의 뿌리에 있는 본능, 곧 공격성이나 욕망이라는 정념들은 적어도 자연스러운 것입니다. 이런 본능이 없는 인간을 상상하기란 어렵습니다. 그렇다면 탐욕스러운 존재가 되려면 정확히 무엇이 필요할까요? 사실 꽤 많은 공을 들여야 합니다. 카시아누스는 우리가 탐욕스러운 사람이 되기 위해 얼마나 많은 노력을 쏟아부어야 하는지 예리하게 지적합니다.

앞서 탐식을 우리 존재의 기본적인 피조성과의 접촉을 잃어버린 상태, 일종의 상실 상태로 보았습니다. 과도한 금욕이든 과도한 탐닉이든 말이지요. 탐욕도 이와 비슷한 점이 있습니다. 하지만 흥미롭게도 문헌들이 제시하는 탐욕에 대한 분석은 일반적인 탐식과는 사뭇 다릅니다. 특히 두 가지 측면

탐욕, 색욕, 그리고 자비가 감수해야 할 위험들

에 주목할 필요가 있습니다.

첫째, 수도 전통에서는 탐욕을 통제를 향한 갈망으로 여깁니다. 타인에 대한 통제, 현재와 미래의 상황에 대한 통제, 자신의 인상에 대한 통제 말이지요. 카시아누스는 소유물이 많으면 나누어 줄 것도 많으니 좋은 일 아니냐고 생각할지 모르나 주의해야 한다고 말했습니다(에바그리우스도 비슷한 말을 했습니다). 이런 생각 이면에는 사람들이 (소유물이 많은) 당신에게 빚을 지게 만들고, 당신의 관대함을 우러러보게 하려는 욕망이 도사리고 있기 때문이지요.* 이것이 통제를 추구하는 게 아니라면 도대체 무엇이 통제를 추구하는 것이겠습니까? '사람들이 내게 빚을 졌으면 좋겠어. 사람들을 쥐고 흔들고 싶고, 그들이 나를 어떻게 생각하는지 내 뜻대로 하고 싶어.' 이것이 탐욕이 지닌 첫 번째 문제입니다.

탐욕이 지닌 또 다른 문제는 간단합니다. 탐욕은 우리가 하나님의 섭리를 신뢰하는 데 실패했음을 보여줍니다. 탐욕은 수많은 두려움에서 피어납니다. 타인의 시선과 자유에 자신이 휘둘릴지 모른다는 두려움, 모든 위기, 만일의 사태에 대비해 자원을 확보해 놓으라고 재촉하는 알 수 없는 미래에

---

* *Philokalia* I, pp. 80-81.

영혼의 참된 자유

대한 두려움 말이지요. 우리는 앞에 무엇이 놓였는지 결코 알수 없기에, 이 두려움은 끝을 모르는 탐욕으로 이어질 수 있습니다.

그리고 여기서 하나님의 자비에 대한 확신은 사라집니다. 우리가 상황을 통제하지 못할 때, 아니 통제할 수 없을 때조차 우리를 안전하게 붙드시는 하나님. (다시 한번 강조하지만) 당신이 하나님이시기에 우리를 우리이게 하시는 그분에 대한 믿음이 사라지는 것이지요. 이러한 맥락에서 탐욕은 하나님께서 우리를 돌보신다는 사실을 진심으로 신뢰하지 못해, 우리 상황에 깔려 있는 근본적인 위태로움을 어떻게든 우회해 보려는 우리의 교묘한 술책입니다. 호랑이에게 쫓기다절벽 끝에 몰린 남자 이야기가 있습니다. 절벽 끝 풀포기 하나에 매달려 다리는 허공에서 덜렁거리고, 위에서는 호랑이가 내려다보는 상황에서 그는 소리쳤습니다. "거기 누구 없어요?" 그러자 하늘에서 다정한 목소리가 들려왔습니다. "그래, 아들아, 손을 놓아라." 잠시 침묵이 흐르고, 남자는 다시소리쳤습니다. "거기 다른 사람 없어요?"

이상하게 들릴지 모르지만, 수도 전통은 이러한 신뢰의결핍을 일종의 탐욕으로 보았습니다. 탐욕이란 미래에 대한희망을 품을 때 그에 따라 감수해야 할 위험을 거부하는 태도

탐욕, 색욕, 그리고 자비가 감수해야 할 위험들

이기 때문입니다. 내 인상과 평판을 내가 주도하고 싶은 욕망은 아마도 탐욕의 다양한 요소 중에서도 가장 골치 아픈 요소일 것입니다. 남들이 나를 어떻게 보는지 '탐욕스럽게' 집착하는 것이지요. 남들의 생각을 통제할 수만 있다면 삶이 훨씬 쉬워질 테니 말입니다. 남들의 시선과 평가에 휘둘릴 수밖에 없다는 바로 이 불안감은 탐욕을 그 정반대 지점에 있는 '자비'의 가르침과 연결해 주는 고리입니다.

> ❈ 자비로운 자(긍휼히 여기는 자)는 복이 있나니, 그들이 자비를 받을 것임이요(마 5:7).

　　얼핏 보면 분명한 연결고리가 없어 보입니다. 하지만 자비, 용서가 상당한 위험을 감내하는 모험일 수 있다는 점을 기억하면, 그 연결고리가 선명하게 드러납니다. 내 눈에만 안전한 방식으로 나를 지키려 한다면, 도덕의 우위를 점하는 자리를 절대 양보하지 않고 내게 마땅히 돌아와야 할 몫을 챙기려 한다면, 이는 나를 매우 위태로운 상태로 방치하는 것입니다. 예수께서 자비를 말씀하실 때는 이러한 깨달음과 잇닿아 있습니다. 지금까지 이야기했듯 나 자신을 안전하게 지키려는 노력은 오히려 삶을 가두는 행위입니다. 삶이 우리가 소유한 무언가가 아니라 언제나 '받게되는 선물'이라면, 화해와 관계의 회복을 위해 타인에게 생명과 삶을 내주기를 거부하는 일은 단순히 누군가의 몫을 빼앗는 일이 아닙니다. 생명이 내게 흘러들어오는 통로를 틀어막는 일입니다. 내가 옳다는 주장을 꺾는 것, 그리고 빚진 자들을 늘리는 채권자로서의 자아상을 내려놓는 것, 이것이 자비의 핵심입니다. 나는 더는 '나의 권리'를 내세우지 않습니다. 계산기를 두드려 내 몫이라고 나온 것을 고집하지 않습니다. 빚을 청산할 때까지 관계 맺기를 미루지도 않습니다. 이렇게 보면, 타인을 내게 빚진 상태로 묶어두려는 열망인 탐욕과 자비가 어떻게 연결되는지 좀 더 이해가 될 것입니다. 자비는 '빚'debt이라는 말 위에 굵은 선을 그어 그 단어를 지워버리는 것입니다.

바로 이 때문에 히브리 성경과 그리스도교 성경은 자비를 하나님께서 지니신 생명의 본질적이고 변치 않는 속성으로 일관되게 제시합니다(꾸란도 마찬가지입니다). 그리스도교 성경 전체를 통틀어 구원에 대한 가장 강력한 심상 중 하나는 골로새서에서 바울이 구원을 묘사한 부분입니다. 그는 구원을 하나님께서 우리가 그분께 빚진 목록을 지워버리시고, 다 갚은 빚 문서를 광장에 내걸 듯 이를 십자가에 못 박으셨다고 묘사합니다. 십자가에 달린 예수의 몸이 하나님에 대한 우리

탐욕, 색욕, 그리고 자비가 감수해야 할 위험들

의 빚이 청산되었다는 증명서가 된다는 은유는 실로 파격적입니다. 이 빛을 비추면 빚과 청산 의무를 따지는 언어들, 권리와 청구권을 끈질기게 주장하는 우리의 태도는 민망할 정도로 허황되고 부질없어 보입니다.

　여기서 명확히 짚고 넘어가야 할 점이 있습니다. 이 말은 권리의 언어 자체를 부정한다거나 정당한 배상을 요구하는 목소리를 묵살하라는 뜻이 아닙니다. 불의 앞에서 침묵하고 참아내기를 권하는 것은 더더욱 아닙니다. 우리는 이미 "의에 주리고 목마르라"는 부르심을 들었습니다. 인간이 하나님의 형상대로 창조되었다는 믿음은 존중과 사랑이 우리가 마땅히 해야 할 올바른 반응이라는 생각을 포함하고 있습니다. 우리는 모든 사람이 존엄과 자유에 대해 합당한 기대를 품을 수 있는 사회 질서를 구축하기 위해 힘써야 합니다. 과거에 일어난 폭력과 불의가 남긴 오래된 상처를 치유하는 일에도 헌신해야 합니다(오늘날 이른바 '선진국'들은 인종차별과 노예 경제의 유산에 대해 마땅히 깊게 성찰해 보아야 합니다). 그렇다면 우리는 이 과업을 빚을 토대로 돌아가는 경제에 대한 비판과 어떻게 조화시킬 수 있을지 짐작할 수 있게 됩니다. 만성적이고 구조적인 불의는 누군가 생명과 삶을 나누고 공동체를 세우는 일에 참여할 수 있는 기회를 원천적으로 박탈합니다. 이러

영혼의 참된 자유

한 자유를 되찾기를 요구하는 일은 흔히 빚을 갚으라고 독촉하는 일과는 차원이 다른 문제입니다. 노예제에 대한 배상을 논하는 일도 다른 무엇보다 먼저 충격적인 불의가 지속적으로 타인에게 상처를 입혔음을 인정하고 그 피해를 해결하려는 노력으로 보아야 합니다.

그리스도교 성경이 '빚과 의무를 따지는 언어'를 비판할 때는 불균형한 권력을 쥐고서 관계의 규칙을 좌지우지하며 그 불평등을 고착화하려는 이들을 향하고 있습니다. 그리고 뼈아픈 말이지만, 이 비판은 우리를 향하기도 합니다. 우리가 진정으로 상호교류하는 사회를 만드는 과업과는 무관하게 '나는 올바르다' 또는 '나는 정의롭다'라는 만족스러운 자기 확신에 매달리거나 특권을 놓치게 될까 불안감에 사로잡혀 있는 한 말이지요. 물론 우리는 모든 피조물(인간뿐 아니라 비인간 존재)에게 마땅히 돌아가야 할 몫이 무엇인지 반드시 생각해야 합니다. 우리는 그들에게 존중과 양육이라는 빚을 지고 있기 때문입니다. 그러나 이는 내 안락함이 침해받지 않도록, 나에게 진 빚을 갚으라며 고함치며 나를 고집하는 일과는 전혀 다른 방식으로 '빚과 의무를 따지는 언어'를 활용하는 것입니다.

예수께서는 빚에 관한 생생한 비유(마태복음 18장)에서

탐욕, 색욕, 그리고 자비가 감수해야 할 위험들

한 종을 묘사하십니다. 이 비유에서 종은 왕인 주인에게 어마어마한 빚을 탕감받고도, 정작 자신에게 푼돈을 빚진 동료에게는 위협과 폭력을 가하며 빚을 갚으라고 독촉합니다. 자신이 가진 제한적인 힘이나마 휘두르기로 작정한 것이지요. 종은 주인이 역설적이게도 자신에게 은총과 존중으로 빚을 탕감했다는 사실을 깨닫지 못했습니다. 자신의 힘이 보잘것없을지라도, 원하는 만큼 안전하지 않더라도 이제는 자기보다 더 약한 이에게 주인이 보여준 관심과 똑같은 올바른 관심을 기울여야 한다는 사실을 이해하지 못한 것입니다. 그가 자비를 입었다는 사실은 어떤 대가를 치르지 않고 살아도 된다는 특권을 받았다는 이야기가 아닙니다. 자비는 정의를 만들어 갈 수 있게 해주는 선물입니다.

우리가 열망하는 힘을 내려놓는 것, 통제하려는 욕구, 타인을 규정할 자유를 언제나 쥐고 있으려 하고, 언제나 받을 것이 있는 채권자가 되려 하며, 언제나 관대하다는 칭송의 대상이 되려는 욕구를 내려놓는 것, 탐욕의 맞은 편에는 바로 이러한 자비가 서 있습니다. 예수께서 제자들에게 말씀하셨습니다.

❖　뭇 민족들의 왕들은 백성들 위에 군림한다. 그리고 백성들에

게 권세를 부리는 자들은 은인으로 행세한다(눅 22:25).

참으로 그분다운, 촌철살인이 돋보이는 대목입니다. 당대 로마 정치 세계의 권력자들은 손바닥 뒤집듯 사람들의 생사를 쥐락펴락했습니다. 일반 사람들이 감히 도전하거나 책임을 물을 수 없는 거대한 권력이 그들을 통제하고 있다는 사실을 끊임없이 상기시켰지요. 그러면서도 숭배받고 '은인'이라 칭송받았습니다. 그러한 가운데 예수께서는 친구들에게 말씀하십니다. "너희는 그렇지 않다."(눅 22:26) 그리고 그분은 이 모든 '빚과 의무의 언어', 이 언어와 얽히고설킨 지위, 권력, 복종의 그물망이 하나님 나라의 삶과는 무관하다는 사실을 거듭해 보여주십니다.

❖ 자비로운 자(긍휼히 여기는 자)는 복이 있나니, 그들이 자비를 받을 것임이요(마 5:7).

빚과 통제, 그리고 그와 관련된 모든 것에 대한 집착을 버리십시오. 그러면 또 다른 관계가 가능하다는 사실을 발견하게 될 것입니다. 서로 주고받으며 서로를 풍요롭게 하는, 하나님 나라의 핵심을 이루는 관계 말이지요. 팔복은 바로

탐욕, 색욕, 그리고 자비가 감수해야 할 위험들

이 관계로, 하나님 나라라는 세상으로 우리를 끌어들이려 합니다.

카시아누스와 동시대 수도자들이 색욕에 대해 성찰할 때 그들은 분노의 경우와 마찬가지로 그 중심에 자연스럽고 피할 수 없는 무언가가 있음을 인정했습니다. 충동은 그 자체로 악하지 않습니다. 다만 긍정적인 무언가가 고통스러울 정도로 터무니없이 왜곡되었다는 점이 문제라고 생각했습니다. 이미 수차례 살펴보았듯 전통은 욕망을 자연스러운 것으로 인정합니다. 카시아누스는 육신의 색욕에 대해 논하면서 감각의 욕망, 감각을 통한 즐거움은 육신을 지닌 삶을 시작할 때부터 존재한다고 담담하게 말했습니다. 젖을 먹는 아기를 보십시오. 온갖 방식으로 자기 몸에서 즐거움을 찾는 아이를 보십시오. 프로이트가 등장하기 수 세기 전부터 이 수도자들은 인간을 관찰했고, 유아기의 만족 추구와 성애를 연결했습니다. 하지만 우리는 성숙해지면서 욕망을 가지고 아주 기이한 일을 벌인다는 사실을 그들은 발견했습니다. 카시아누스는 우리가 발달시킨 왜곡되고, 이기적이며, 혼란스러운 습관을 이야기하면서 욕망 그 자체나 육신의 즐거움, 또는 이를 추구하는 우리 자신을 탓해서는 안 된다고 분명하게 말합니다. 누군가 양배추를 썰라고 부엌에 식칼을 두었는데, 누군가 그 칼로 살인을 저질렀다고 해서 칼을 둔 사람을 탓할 수는 없는 노릇이지요. 육신을 지닌 우리의 삶에는 이와 결부될 수밖에 없는 성향들이 있습니다. 우리 존재가 그러하며 우리 모습이 그러합니다. 적어도 이 차원에서는 부끄러워할 것이 아무것도 없습니다.

특히 성적 욕망은 아주 분명한 이유로 우리에게 주어졌다고 카시아누스는 말했습니다. 당대 모든 그리스도인이 그러했듯 그 역시 성욕의 목적은 출산이라고 생각했지요. 현대의 독자들은 이 지점에서 논쟁하고 싶을 것이며, 생명을 살리는 관계를 맺고 유지한다는 측면에서 성적 욕망은 더 넓은 의미를 담고 있다고 주장할 것입니다. 하지만 카시아누스의 논점은 여전히 유효합니다. 인간에게는 무언가를 창조하고 나누며 관계를 맺으려는 근본적인 충동이 있습니다. 하지만 최대한 빨리, 그리고 온전하게 내 욕구를 채우는 것이 유일한 동기가 되어버릴 때, 그 충동은 균형을 무너뜨립니다. 바로 이 지점에서 욕망은 색욕이 됩니다. 색욕이 향하는 곳은 단순히 타인의 몸만이 아닙니다. 훨씬 더 많은 영역에 적용될 수 있지요. 색욕이란 진정한 상호연결이나 상호성에 대한 고려 없이, 타자를 오직 '나'라는 개인의 만족을 채워 줄 수단으로 환원해 버리는 모든 행위입니다. 나의 만족이 지배적인 동기

탐욕, 색욕, 그리고 자비가 감수해야 할 위험들

가 되는 모든 행동은 색욕에 해당할 수 있습니다.

하지만 색욕이라는 말에 담긴 의미를 온전히 이해하려면 잠시 뒤로 물러나야 합니다. 그리스어 구약성경에는 '욕망'(그리스어로는 '에피투미아'ἐπιθυμία)이라는 단어가 특별한 의미를 지니는 부분이 있습니다. 바로 다니엘서에서 환상을 보는 다니엘에게 천사가 나타나 그를 "큰 사랑을 받은 사람"(단 10:11, 10:19)이라고 부르는 장면이지요. 그리스어 번역자들은 이 히브리어 관용구를 "다니엘, 이 욕망의 사람('아네르 에피투미온'aner epithumion)아"라고 문자 그대로 옮겼습니다. 그리스어권 그리스도교 신학자들은 이렇게 추론했습니다. 천사가 다니엘을 "욕망의 사람"이라고 불렀다면, 맥락상 이 말은 칭찬임이 틀림없다고 말이지요. 다니엘이 욕망을 가졌다는 이유로 칭찬을 받았습니다. 그리고 초기 교회의 성경 해석자들은 이를 바탕으로 욕망은 선한 것이 틀림없다는 결론을 내렸습니다. 4세기의 위대한 사상가인 니사의 그레고리우스 Gregory of Nyssa는 이 주제에 커다란 관심을 보였습니다.* 그의

---

* 저서 『영혼과 부활에 관하여』 *On the Soul and the Resurrection*(누이 마크리나와의 대화). 이 본문에서 그레고리우스는 다루기 힘든 말들이 끄는 전차라는 플라톤의 은유를 넌지시 언급한다. 누이 마크리나는 플라톤 모형의 유용성에 대해서는 비판적이지만, 올바로 이해된 욕망의 중요성에 대해서는 강하게 긍

저술들의 특징 중 하나는 제자의 삶에서 욕망이 차지하는 역할을 강조한다는 점입니다. 그레고리우스에 따르면 욕망은 우리를 떠나지 않습니다. 우리를 궁극적으로 만족시킬 수 있는 것은 존재하지 않기 때문입니다. 우리는 본성상 늘 충만해지기를 갈구합니다. 하지만 가장 깊이 필요로 하는 것을 소유하는 방식으로는 결코 그 충만함에 닿을 수 없도록 창조되었습니다.

우리가 영적으로 성숙해지고 분별력이 자라면, 우리가 욕망하는 것은 계속 성장하고 계속 욕망하는 것이 됩니다. 여기서 실수는 욕망하기를 멈추는 것입니다. 부족했던 것을 이제 가졌으니 더는 욕망하지 않기를, 완전히 만족하기를 바라는 태도 말이지요. 우리는 더 큰 충족감을 줄만한 대상이나 목표를 정합니다. 그리고 손에 넣거나 정복하고 나면, 더는 나아갈 필요가 없다고 생각하지요. 그러나 그레고리우스가 보기에 우리 인간 본성은 그렇지 않습니다. 인간 본성은 결코 소유할 수 없는 지평을 향해, 결코 바닥에 닿을 수 없는 깊이를 향해 끊임없이 나아가는 존재입니다. 바로 삼위일체 하나님의 생명, 웨일스의 위대한 성가 작곡가인 앤 그리피스Ann

정한다.

탐욕, 색욕, 그리고 자비가 감수해야 할 위험들

Griffiths의 표현을 빌리면 "그 안에서 마음껏 헤엄칠 수 있으나, 결코 가로질러 건널 수는 없는 물"을 향해서 말입니다.*

그러므로 그레고리우스에게 천국은 끝없는 욕망의 상태였습니다. 우리가 발견하고 누려야 할 하나님의 풍요로움이 언제나 무한히 남아 있다는 뜻에서 말이지요. 하나님 나라는 우리가 원하는 것을 손에 넣고 끝나는 곳이 아닙니다. 하나님께서 베풀어 주시는 사랑을 '이 정도면 충분하다'고 할 수 없듯이 말이지요. 정반대입니다. 우리가 다니엘처럼 진정한 '욕망의 사람'이라면, 우리는 사랑하고 사랑받기를 갈망하는 일을 결코 멈추지 않을 것입니다. 하나님의 생명은 무한하고 끝이 없습니다. 그러므로 천국은 바닥없는 바다 속으로 한없이 깊이 잠기는 것과 같습니다. 이러한 관점에서 욕망이 선한 이유는 우리가 언제나 더 많은 것을 향해 열려 있음을 깨닫게 해주기 때문입니다. 유한한 존재가 무한한 생명과 기쁨을 마주할 때 그곳에는 언제나 더 발견해야 할 신비가 남아 있습니다. 그리고 바로 여기서 우리는 인간의 욕망이 왜 긍정적이기도 하고 부정적이기도 한지 이해할 수 있습니다. 긍정적인 욕

---

* '폭풍의 위력에 지친 나그네여'Bererin llesg gan rym y stormydd로 시작하는 그녀의 찬송가에 나오는 'Dŵr i'w nofio heb fynd trwyddo'(그 안을 통과해 지나갈 필요 없이 헤엄칠 수 있는 물).

영혼의 참된 자유

망은 내 자아가 다 소화하거나 흡수할 수 없는 거대한 실재를 향해 더 활짝 열려 있으려는 갈망입니다. 내 자아의 결핍을 메워 줄 무언가를 찾는 게 아니라, 나를 더 넓은 세계로 확장해 줄 무언가를 열망하는 것이지요. 반면, 거짓되거나 부정적인 욕망은 '이것도 저것도 손에 넣으면 다 해결될 거야'라고 속삭입니다. 이는 '나'라고 하는 자아와 그 요구에 대한 위험한 허상을 유지하며, 주변의 모든 존재가 오직 나를 위해 존재한다고 착각하게 만듭니다. 대상이 사람이든, 관계든, 어떤 삶의 상태든 소유물이든 상관없습니다. '이것만 가지면 다 괜찮아질 거야'라는 태도는 자기 자신과 세계 모두에 대해 심각한 망상을 품고 있는 것입니다. 이를 아우구스티누스는『고백록』*Confessions* 4권에서 특유의 깊이와 섬세함을 담아 자신의 청년 시절 한 순간을 인상 깊게 분석합니다.** 가장 친한 친구가 갑작스럽게 세상을 떠났을 때 겪은 혼란과 상실감을 두고 그는 성찰합니다. 아우구스티누스는 당시 자신이 겪은 감정의 문제는 친구에게 지나치게 많은 것을 걸었다는 데 있다고 결론짓습니다. 뜨거웠던 헌신과 동료애는 친구를 아우구스티누스 자신의 행복과 안전을 위한 부속물로 바꾸는 방식이

**   *Confessions* IV . iv(7)-vii(12).『고백록』(한길사).

탐욕, 색욕, 그리고 자비가 감수해야 할 위험들

었습니다. 친구는 신비롭고 고갈되지 않는 타자가 아니라, 나를 완성시켜 주는 도구였던 것입니다. 그랬기에 친구가 세상을 떠났을 때, 아우구스티누스가 느낀 그 깊고 혼란스러운 슬픔은 사실상 자신의 삶이 축소된 것에 대한 탄식이었습니다. 상실을 받아들이지 못하는 그의 모습은 (그가 만든 눈부신 표현을 빌리면) 인간인 친구를 인간으로서, 참된 인간의 방식으로 사랑하는 데 실패했음을 보여줍니다.

누군가를 단지 내 결핍을 메워 주는 존재, 나를 완성시켜 줄 존재로 사랑하는 것은 그를 인간 이하로 취급하는 것입니다. 다른 사람의 다름과 신비에 경탄하는 대신 그들이 나에게 봉사하게 만드는 것이지요. 그래서 이 관계는, 신비로운 타자와의 관계임에도 우리를 하나님이라는 궁극의 신비 속으로 더 깊게 이끌어 주지 않습니다. 색욕이란 나와 별개로 있는 존재들을 단순한 기능으로 축소해버리는 인간답지 않은, 또는 비인간화하는 욕망과 관련이 있습니다. 내 마음에 이미 마련된, 빈칸에 딱 들어맞는 특성들의 집합체로 상대를 격하시키는 것이지요. 더 나아가 아우구스티누스는 매우 심오한 역설을 지적합니다. 우리가 어떤 사물이나 사람에게 이런 욕망을 투사할 때, 우리는 그들을 있는 그대로의 모습보다 못한 존재로 깎아내리는 동시에 내 필요에 대한 궁극적인 답을 주는, 일종의 하나님과 같은 위치로 끌어올린다는 것이지요. 어렵지만, 너무나 중요한 진실이 있습니다. 우리 인간의 필요와 열망에 대한 진정한 답은 결코 고갈되지 않는, 완전히 파악할 수 있거나 소유할 수 없는 실재뿐입니다. 인간으로서, 인간답게 사랑한다는 것은 사랑하는 사람이나 사물이 하나님이 아니고 내 자아가 수집해서 써먹을 수 있는 수동적인 대상이 아니라는 사실을 받아들이는 것입니다. 그들도 나처럼 하나님의 무한한 사랑과 관계 맺으며 존재하는, 진정으로 타자인 생명임을 인정하는 것입니다.

그렇다면 이 오해된 욕망의 정념은 '마음의 깨끗함'에 관한 팔복의 말씀과 어떻게 연결될까요? 예수께서는 마음이 깨끗한 사람은 "하나님을 볼 것"이라고 말씀하셨습니다. 우리는 순간의 만족을 위한 근시안의 욕망과 자기중심의 욕망 대신, 하나님이신 참된 사랑과 참된 실재를 향해 계속 열려 있으려는 한결같고, 계속 이어지는 욕망을 발견하게 됩니다. 이 열망은 결코 충족될 수 없으며 끝나지 않습니다. 한 위대한 철학자는 마음의 깨끗함을 '한 가지를 원하는 것'이라고 정의한 바 있습니다.* 마음의 깨끗함은 우리가 맺는 다양한 관계,

---

*   Søren Kierkegaard, *Purity of Heart Is to Will One Thing* (London: Collins,

탐욕, 색욕, 그리고 자비가 감수해야 할 위험들

우리의 다양한 욕망을 실재, 하나님이라는 사랑의 실재에 닿고자 하는 그 단 하나의 열망에 연결함으로써 하나로 묶어 줍니다. 우리 마음의 깨끗함은 이 관계나 저 관계에서, 이 상황이나 저 상황에서, 무엇이 더 깊은 차원의 갈망을 향해 열려 있는지를 거듭해 발견하는 것입니다. 성장을 멈추게 하거나 얼어붙게 하여 일시적인 만족에 머물게 하는 대신 말이지요.

C. S. 루이스는 몇몇 저술에서 이 주제에 관한 빛나는 통찰을 남긴 바 있습니다. 영적 자서전인 『예기치 못한 기쁨』 *Surprised by Joy*에서 그는 십 대 시절 갈망이라는 감각과 결코 분리될 수 없는 기쁨을 처음 경험했던 순간에 대해 이야기합니다.* 이 경험이 그토록 놀랍다면, 이 기쁨을 흘려보낸 실재는 얼마나 더 깊고 놀라울까요. 나니아 연대기 맨 마지막 장면을 생각해 볼까요. 새롭게 된 세계에서 아이들은 "더 위로, 더 안으로" 오라는 부름을 받습니다. 그곳의 풍경은 희미하고 몽환적인 환영으로 흩어지지 않습니다. 오히려 더 단단하고 실재하는 무언가로 변모합니다. 그리고 그 새롭고 단단한 현실의 풍경은 다시금 더 단단한 현실을 향해 열립니다. 모든 단

1961).

◆　　C. S. Lewis, *Surprised by Joy: The Shape of My Early Life* (London: Geoffrey Bles, 1955). 『예기치 못한 기쁨』(홍성사).

계마다 놀라운 무언가가 녹아들어, 그보다 훨씬 더 놀라운 무언가가 됩니다.

마음의 깨끗함이란 기꺼이, 한 마음으로 그 여정을 계속해 나가는 것입니다. 마음이 깨끗한 이는 길 위에서 만나는 상대를 하찮게 여기지 않으며, 그 안에 깃든 아름다움이 언제나 더 먼 곳으로 우리를 이끌고 있음을 알아챕니다. 마음이 깨끗한 사람은 자신의 열망을 충족시켜 주는 종착점을 찾으려 하지 않으며, 세상을 나에게 가치를 줄 거라 생각하는 크기로 축소해 버리지 않습니다. 마음의 깨끗함과 욕망에 사로잡히면, 욕망하기를 멈추지 않으며 진리와 아름다움이 어디에 있든 그 앞에서 계속 열려 있으려 합니다. 이는 소유를 향한 강박적인 충동인 ('이걸 가지면 난 행복해질 거야'라고 생각하는) 탐닉과는 정반대이지요. 여기에는 일종의 역설이 있습니다. 계속해서 욕망하기를 욕망한다면, 당신은 내일이 아니라 바로 지금 행복해질 수 있습니다. "이걸 가지면 난 행복해질 거야"라고 말하는 사람은 그 대상을 손에 넣을 때까지 충만함과 평화를 뒤로 미룹니다. 게다가 우리 모두 알지만, 막상 그걸 손에 쥐고 나면 손에 넣어야 할 또 다른 중요한 대상이 생기기 마련이지요. 하지만 "인간으로서 나의 과업이자 운명은 내 마음을 끊임없이 넓히는 거야"라고 말하면 이야기

탐욕, 색욕, 그리고 자비가 감수해야 할 위험들

는 달라집니다. 그렇게 말하는 사람은 오늘과 내일을 살아갈 선물을 이미 받는 셈입니다. 내일은 그다음 날을 살아갈 선물을 받게 되겠지요. 그렇게 나는 하나님의 신비와 아름다움이라는 심연 속으로 꾸준히 자라 들어가게 됩니다. 이는 상실과 고통을 피해갈 수 있다는 뜻이 아닙니다. 곁에서 나를 풍요롭게 해 주던 아름다움이나 기쁨이 사라지면 고통이 찾아올 것입니다. 그 아픔은 나의 결핍이 얼마나 깊은지를 뼈저리게 알게 해줍니다. 하지만 동시에 우리에게 약속된 충만함이 얼마나 거대한지도 일깨워줍니다.

탐욕은 통제에 대한 강박이며, 알 수 없는 미래라는 위험을 극복하기 위해 지금 주도권을 쥐려는 충동입니다. 색욕은 사람과 사물을 단기적인 필요를 해결할 임시방편으로 여기고 세상을 나의 충동과 환상의 크기로 쭈그러뜨리는 태도입니다. 하나님 나라라는 위험을 감내하는 개방성, 곧 팔복의 삶은 저 탐욕과 색욕에 맞섭니다. 그리고 이 삶에는 두 가지가 있습니다. 하나는 자비가 감내하는 위험입니다. 자비는 내게 갚아야 할 빚이 정확히 얼마인지 아는 데서 오는 안전감, 곧 빚의 경제를 잊어버립니다. 다른 하나는 마음의 깨끗함입니다. 이는 우리의 온갖 욕망 속에 숨어 있는 끈, 그 모든 욕망을 하나로 꿰는 끈을 하나님께서 풀어 내시도록 맡기는 태

영혼의 참된 자유

도입니다. 이 끈은 우리를 무한하고 영원한 생명으로 이어 주며, 우리가 서로를 자기중심의 환상 속 노예로 부리지 않게 막아 줍니다.

탐욕, 색욕, 그리고 자비가 감수해야 할 위험들

5

시기, 절망, 그리고 희망의 빛

앞선 모든 과정을 통해 인간의 본성이 어떻게 작동하는지 조금이라도 배웠다면, 한 가지를 분명하게 새길 수 있습니다. 우리는 단지 '내가 어떤 존재인가'를 깨닫는 데 그쳐서는 안 되며, '하나님은 어떤 분이신가'를 바라보는 자리까지 나아가야 한다는 것이지요.

지금까지의 성찰들을 통해 우리는 수도 전통이 끊임없이 강조해 온 한 가지 사실로 돌아오게 됩니다. 바로 우리의 인간성은 완성되지 않았으며 진행 중인 과업이라는 사실입니다. 우리는 유한하고 일정한 제한을 받으며, 우리가 관계 맺고 있는 무한한 실재에 의해 자라고 확장되어야 하는 존재입니다. 우리는 창조된 존재로서 우리가 무엇이고 어디에 있는지를 인정하고 받아들여야 합니다. 그리고 이 모든 과정이 창조되지 않은 사랑이 피조물의 세계 안에서 실현되어 가는 일임을 보아야 합니다. 바로 그렇기에 만물을 뒷받침하는 영원한 힘, 만물을 통합하는 힘의 육화된 모습, 곧 하나님의 말씀이신 그리스도라는 실재는 우리의 정념과 복된 삶을 이해하는데 있어 변함없는 배경이 됩니다.

앞서 의존을 철저하게 거부하는 '교만'이 우리 영혼이 겪는 병폐의 중심에 자리 잡고 있음을 살펴본 바 있습니다. 그런데 여덟 가지 정념 중 일곱 번째 항목은 언뜻 교만과 비슷해 보입니다. 교만과 허영self-esteem은 어떻게 명확히 구별할 수 있을까요? 아마도 이 문제 때문에 서방의 영성가들은 정념들의 목록에서 허영을 빼고 그 자리에 시기를 넣었을 것입니다. 이 장에서는 허영과 시기가 서로 겹치는 지점을 살펴보겠습니다. 하지만 교만과 허영은 분명 다릅니다. 교만이 의존

시기, 절망, 그리고 희망의 빛

을 철저하게 거부하는 태도, 곧 자신이 사랑을 베푸시는 하나
님의 손 안에 있음을 보려 하지 않는 것이라면, 허영은 그보
다 훨씬 더 세속적이면서, (여러 면에서) 그만큼 정체를 파악
하기 어렵고 뿌리 뽑기도 힘듭니다.

   카시아누스는 허영이 매우 다양한 방식으로 자랄 수 있
다고 말합니다. 그는 상당히 날카로운 어조로 남들 눈에 띄게
화려한 옷을 입을 수 없다면, 남들 눈에 띄게 남루한 옷을 입
으면 된다고 말한 적이 있습니다. 어떤 쪽이든 목표는 같습니
다. 자신이 무언가 특별하다는 분위기를 풍기는 것이지요. 이
러한 면에서 허영은 분노, 탐욕과도 연결이 됩니다. 이 충동
들은 모두 타인을 통제할 수 없다는 사실에 대한 두려움, 그
리고 내가 어떻게 보이는지에 대해 주도권을 쥐고 있어야 한
다는 생각과 묶여 있습니다. 허영에도 탐욕에서 보았던 불안,
곧 통제하고 싶은 욕구가 작용하고 있습니다. 그렇다면 허영
이 시기와 어떻게 연결되는지도 어렵지 않게 알 수 있습니다.
이 충동들의 배후에는 끊임없이 우리를 유혹하는 제로섬 게
임의 논리가 깔려 있습니다. 누군가 칭찬을 받고 있는데 이
세상에 돌아갈 칭찬의 총량이 정해져 있다면, 그가 칭찬을 많
이 받을수록 나는 덜 받게 됩니다. 그러니 나는 내가 받을 몫
(여기서 다시 '빚의 경제'가 등장합니다)을 확실히 챙겨야 하고,

내게 마땅히 돌아와야 할 것이 무엇인지 확정할 수 있어야 합니다. 설령 그로 인해 타인의 몫이 줄어든다 해도, 세상이 원래 그런 걸 어떻게 하느냐 생각하지요. 그들이냐, 나냐. 이것이 제로섬 게임의 논리입니다. 이 논리는 사회, 국가, 정치 갈등뿐만 아니라 개인의 갈등에 이르기까지, 사실상 거의 모든 주요 분쟁에 뿌리내리고 있습니다. 이 논리는 세상에 모두에게 돌아갈 만큼 충분한 몫이란 결코 존재하지 않는다고 주장합니다. 내가 더 가지면 그들이 덜 갖고, 그들이 더 가지면 내가 덜 가진다고 여기지요.

교회에서도 이런 태도는 완전히 사라지지 않았습니다. 참으로 기이한 일입니다. 복음서들에 나타난 교회의 주님께서는 분명히 제로섬 게임을 기반으로 일하기를 거부하시기 때문이지요. 예를 들어 포도원 일꾼의 비유(마태복음 20장)에서 포도원 주인은 자신의 뜻을 분명하게 밝힙니다. 겉보기에 더 나은 실적을 낸 이에게 준 것과 똑같은 인정과 사랑을 겉보기에 덜 자격 있어 보이는 이에게 주고 싶다면 이는 주인의 권한이지 우리가 왈가왈부할 일이 아니라고 말이지요. 주인에게는 자원의 제약이 없기 때문입니다. 복음서의 모든 곳에는 자격 없는 이들을 향해 하나님께서 퍼부어 주시는 터무니없고 낭비에 가까운 사랑이, 그리고 '저들을 더 많이 사랑한

다고 해서 너를 덜 사랑한다는 뜻은 결코 아니다'라는 그분의
항변이 굵직하게 새겨져 있습니다.

그러므로 허영과 시기를 부추기는 두려움, 다른 누군가
가 사랑받고 가치 있게 여겨질 때 내게 속한 것, 내 권리를 빼
앗기는 게 아닌가 하는 두려움은 그런 식의 게임을 하지 않
으시는 하나님을 인정할 때 깨집니다. 하나님께서는 한 사람
을 사랑하신다고 해서, 심지어 더 각별히 아끼신다고 해서 다
른 사람을 소홀히 하거나 부족하지 않게 하시는 분입니다. 그
분은 다른 이들이 복을 받게 하려는 단순하고 순수한 목적 때
문에 누군가를 선택하시는 분입니다(유대 민족을 부르신 경우
처럼 말이지요). 이는 그리스도의 몸, 곧 교회가 작동하는 가장
강력한 원리가 됩니다. 교회 안 누구에게 어떤 사랑과 은총의
징표가 나타나더라도 이는 결국 모두를 위해 하나님께서 주
신 것입니다. 어떤 거룩한 사람이 지닌 성스러움, 성숙함, 자
유, 영웅과도 같은 면모를 그런 자질이 없거나 부족한 나를
향한 위협이나 비난으로 받아들이지 않고, 나를 위한 선물과
자원으로 이해할 때 교회는 참된 교회가 됩니다. 그들의 거룩
함은 내가 덜 속되고, 덜 나태하고, 덜 비겁한 사람이 되도록
돕습니다. 때로는 모범과 영감을 통해 직접적인 방식으로, 때
로는 거룩한 은사를 입은 이들이 드리는 자기를 내려놓은 기

도와 중보를 통한 보이지 않는 방식으로 우리를 돕습니다. 그리고 이 지점에서 허영은 평화를 이루는 사람이 약속받은 복과 연결될 수 있습니다.

우리가 제로섬 사고방식을 넘어서면, 곧바로 평화가 시작됩니다. 무장 휴전이나 불안한 중립 상태로서의 평화가 아닌 성경에 일관되게 흐르는 샬롬으로서의 평화 말이지요. 이 평화는 하나님에게서 쏟아져 나와 피조물들이 나누는, 서로의 안녕을 지켜 주는, 함께하는 삶입니다.

❖ 평화를 이루는 사람은 복이 있다. 하나님이 그들을 자기의 자녀라고 부르실 것이다(마 5:1).

평화를 이루는 사람들이 하나님의 자녀인 이유는 아버지께서 하시는 일을 그들도 하기 때문이며 아버지께서 원하시는 일을 함으로써 자신들이 그분의 핏줄임을 드러내기 때문입니다. 이 주제는 요한복음 속 예수께서 강력하게 이야기하신 바 있습니다(특히 요 5:19-30을 보십시오). 당신의 자녀들이 이처럼 넓은 의미에서 평화를 일구시는 당신의 자유를 눈에 보이게 드러낼 때, 비로소 하나님은 세상이 당신을 알아볼 수 있는 분이 되십니다. 평화를 이룬다는 것은 하나님께서 우리를 조화롭고 평화롭게 하시려는 그 뜻이 우리 사이에서 넘쳐흐르도록 공간을 마련해 드리는 일입니다. 누군가 나보다 케이크를 더 큰 조각으로 가져가지는 않는지, 남의 형편을 좋게 해주다가 내 안락함이 무너지는 건 아닌지 하는 염려를 멈출 때 비로소 이 일이 일어납니다. 그리스도의 몸인 교회는 바로 이 인간의 평화, 곧 서로의 안녕을 지켜 주는 삶의 모형입니다. 현실 교회에서 모든 사람이 서로 뜻이 잘 맞고, 늘 서로의 유익을 위해 헌신하기 때문이 아닙니다(현실에서는 전혀 그렇지 않습니다). 교회가 평화의 모형인 이유는 교회의 본성이 인간의 본성을 넘어서는 기원을 가지고 있기 때문입니다. 즉 하나님께서 직접 빚어낸 결실인 교회는 본질상 한 사람의 거룩함이 모두에게 선물이 되는 공동체입니다. 한 사람의 고통이 모두의 고통이듯 말이지요.

습관처럼 허영과 시기라는 도피처로 숨어들게 만드는 두려움을 직면하고 넘어서는 바로 그때, 평화의 공간이 생깁니다. 그렇게 우리의 원천, 그 자체로 선물의 흐름이자 응답의 흐름인 영원한 생명을 드러냄으로써 우리는 진정 하나님의 자녀가 됩니다. 우리가 허영과 자기방어에서 해방될 때 비로소 능동적이며 서로를 지탱해 주는 안녕으로서의 평화가, 궁극적으로는 피조물이 다 함께 창조주께 영광을 돌려 드리는 일이 가능해집니다. 결국 평화는 우주의 찬양이 울려 퍼지기 위한 조건입니다. 하나님은 당신이 누리시는 더없는 행복을 함께 나누고자 세상을 창조하셨습니다. 하나님께서는 당신이 누리시는 더없는 행복을 함께 누리려고 세상을 창조하셨습니다. 이 나눔은 피조물 안에서 피어난 조화로운 기쁨이 다시 솟아올라 기쁨의 원천이자 창조되지 않은 기쁨이신 하나님께 닿을 때 비로소 완성됩니다. 이처럼 '창조된 기쁨'이 솟아올라 '창조되지 않은 기쁨'을 거울처럼 비추어 드리는 일이 '찬양'입니다.

하지만 예수께서는 팔복을 마무리하시며 이 세상에서 복된 삶을 산다는 실제적 모습에 그 어떤 헛된 환상도 갖지 않기를 바라셨습니다. 그렇기에 팔복은 참된 약속이지만, 이를 거짓된 약속과 구별해야 합니다. 이러한 측면에서 예수께서는 마지막으로, 바로 지금 여기서 의를 위해 고통받는 이들, 하나님 나라를 위해 박해 받는 이들에게 복이 있다고 말씀하십니다. 깜짝 놀랄 만한, 그리고 도전이 되는 결말입니다. 예수의 삶과 죽음이라는 전체 이야기를 고려한 가운데 팔복을 읽으면 그리 놀랄 일이 아니지만, 최초의 청중이 저 말씀을 들었을 때의 얼마나 충격을 받았을지 상상하기란 그리 어렵지 않습니다. 아마 그들은 "평화를 이루는 사람"에게 주

시기, 절망, 그리고 희망의 빛

어진 약속에 고개를 끄덕이며 흡족해하다가 잠시 뒤, 하나님의 의를 따르다 고통을 겪게 되는 이들에 대한 엄숙한 약속을 듣고서는 가슴이 철렁 내려앉았을 것입니다.

고대 그리스 수도 전통의 정념 목록 중 여덟 번째 정념은 낙심, 또는 절망입니다. 이 절망과 앞선 정념들 사이의 연결 고리를 찾는 일은 그리 어렵지 않습니다. 낙심이란 희망의 부재이며 가능성이나 약속받은 미래에 대한 감각이 사라진 상태입니다. 그렇기에 낙심과 절망은 다른 모든 정념에 대해 아예 손 쓸 수 없게 만들어 버리는 상태이기도 합니다. (다른 많은 주석가처럼) 카시아누스는 복음서에 나오는 베드로와 유다를 두고 베드로는 자신의 배신을 뉘우쳤고, 유다는 자신의 배신에 절망했다고 말하며 둘의 차이를 설명했습니다. 우리가 실패했을 때 느끼는 가슴 찢어지는 듯한 슬픔과 유다를 비극적인 종말로 몰고 간 희망의 치명적인 부재, 문자 그대로 인간을 죽음에 이르게 하는 절망 사이에는 커다란 차이가 있습니다. 절망은 궁극적으로, 죄에 대한 하나님의 시선은 전혀 고려하지 않은 채 자기 죄만 바라보는 태도에서 비롯됩니다. 절망에 빠진 이는 우리는 실패했고, 얼마나 무가치한지, 얼마나 무능한지를 또다시 증명했다고 이야기합니다. 하지만 이를 하나님의 관점에 비추어 본다면 어떻게 될까요? 어떤 면

영혼의 참된 자유

에서 이는 터무니없을 만큼 대담한 일입니다. 하지만 예수께서는 우리에게 바로 이 길을 열어 주셨습니다. 바울이 우리가 "그리스도의 마음"을 가졌다고 말했을 때(고전 2:10-16)도 이를 염두에 두었음이 분명합니다. 하나님께서는 실패하지 않으십니다. 변하지도 않으십니다. 우리를 지탱해 온 그분의 사랑은 예나 지금이나 변함이 없습니다. 죄에 대해 하나님께서는 우리를 용서하시고 치유하시겠다는 절대적인 의지를 가지고 계십니다.

우리의 죄와 실패를 이 빛으로 보지 못하면, 우리는 절망할 수밖에 없습니다. 이러한 측면에서 절망이 정념들의 목록 중 맨 마지막에 놓인 것은 매우 적절해 보입니다. 앞선 모든 과정을 통해 인간의 본성이 어떻게 작동하는지 조금이라도 배웠다면, 한 가지를 분명하게 새길 수 있습니다. 우리는 단지 '내가 어떤 존재인가'를 깨닫는 데 그쳐서는 안 되며, '하나님은 어떤 분이신가'를 바라보는 자리까지 나아가야 한다는 것이지요. 하나님이 어떤 분인지 제대로 배웠다면, 우리는 절망의 희생자가 되지 않을 것입니다. 나의 실패에 대한 나의 관점이 최종 결론이 아니라는 진실을 알기 때문입니다. 내 자아와 세계 전체에 대한 나의 관점은 결코 최종 결론이 될 수 없습니다. 우리끼리 내버려 둔다면, 우리는 우리 자신을 어떻

시기, 절망, 그리고 희망의 빛

게 판단할까요? 또다시 제로섬 게임이 반복될 것입니다. 자신이 완전한 성공을 거두었다고 보든지, 완전히 실패했다고 단정하겠지요. 하지만 어느 쪽이든 완전히 틀렸습니다.

하나님께서는 시간이 흐르는 가운데 우리가 자라고 있는지, 또는 실패하고 있는지 그 진실을 보십니다. 그분은 우리를 있는 그대로 보십니다. 우리는 하나님께서 보시는 바로 그 진실에 응답해야 합니다. 요한일서 말씀처럼 말이지요.

❖   이렇게 함으로써 우리는 우리가 진리에서 났음을 알게 될 것입니다.……하나님은 우리 마음보다 크신 분이시고, 또 모든 것을 알고 계시기 때문입니다(요일 3:19-20).

그리고 바로 여기서 낙담, 절망은 의를 위해 박해를 받는 이들이 받는 복과 연결됩니다. 세상이 가할 수 있는 최악의 상황 앞에서도 하나님 나라에 충실한 이들은 인간 세상이 결코 최종 결론이 아님을 온몸으로 증명합니다. 인간사에는 우리끼리는 도저히 다다를 수 없는 전혀 다른 차원의 시각이 있습니다. 그렇기에 나 자신에 대한 '나'의 생각은 (좋든 나쁘든) 결코 최종 결론이 될 수 없습니다. 나를 비난하는 사람이나 적대하는 사람들의 생각도 마찬가지입니다. 압박과 공격,

폭력 아래서도 신실함을 지키는 사람은 또 다른 관점이 있음을 안다고 선언합니다. 나와 내 원수의 생각만으로는 결코 소진되지 않는 진실, 우리 모두 결국 그 앞에서 해명해야 할 진실이 있음을 선포합니다. 처음부터 그리스도교인에게, 아니 신앙을 가진 모든 이에게 순교 이야기가 그토록 중요했던 이유가 여기에 있습니다. 순교는 낙심에 저항할 수 있게 해주는 힘이자 우리 삶이 머금고 있는 가능성이 우리가 품고 있는 두려움보다 훨씬 크다는 사실을 믿게 해주는 자원입니다. 순교 이야기가 중요한 이유는 우리가 신앙의 영웅이 되도록 자극해서가 아닙니다(물론 실제로 그런 일이 일어날 수도 있겠지만 말이지요). 그보다는 어둠과 고통, 실패 앞에서 인간이 보여줄 수 있는 반응의 폭이 우리가 아는 것보다 훨씬 넓다는 진실이 드러나기 때문입니다.

순교와 같은 극적인 방식이 아니더라도, 우리는 삶의 자리에서 비난과 악의, 자기 의심이나 실패를 겪으면서도 무너지지 않고 살아가는 이들을 만납니다. 그들은 자신이 응답해야 할 대상이 결국 하나님임을 어떻게든 알고 있으며, 요란한 드라마 없이도 우리에게 그런 관점을 상기시켜 줍니다. 누군가가 '하나님의 관점'으로 세상을 보고 있구나 싶은 순간을 마주할 때 비로소 우리에게 은총은 현실처럼 다가옵니다. 비

시기, 절망, 그리고 희망의 빛

록 찰나이지만, 너무나 생생하게 말이지요. 아씨시의 프란치스코가 피부병 환자를 끌어안은 장면은 그 분명한 예입니다. 하지만 거절당하고 목소리가 없는 이들 앞에서 자신을 낮추는 평범한 사람들에게서도 이를 경험할 수 있습니다. 이들은 하나님 나라를 위해 말로 다 할 수 없는 고통을 겪는 이들 만큼이나 중요한 의미를 지닙니다. 몇 년 전, 콜카타의 찜통 같은 작은 사무실에서 통역을 통해 인도 북부 시골에서 온 한 여인의 이야기를 들은 적이 있습니다. 그녀는 남편이 신앙을 부인하길 거부하다가 군중에게 난도질당해 죽는 모습을 바로 눈앞에서 지켜봐야 했다고 말했습니다. 이 또 다른 관점은 제게 깊은 감동과 확신을 주었습니다. 하지만 다른 한편으로 너무나 끔찍하고 두려운 느낌이 들기도 했지요. 그리고 압도적인 권위를 가진 또 다른 관점이 정말로 존재한다면, 저는 왜 아직도 그것에 익숙해지지 못한 채 시간을 낭비하고 있는지, 그 대가란 무엇인지 곱씹어 보았습니다.

어떠한 박해 앞에서도 굳건히 서 있는 이들은 우리의 절망을 향해 말을 건네는 목소리입니다. 그들은 세상에 대한 우리의 관점, 우리의 기준, 우리 자신에 대한 우리의 판단, 우리에 대한 우리 이웃의 판단, 우리 이웃에 대한 우리의 판단까지 그 모든 판단이 창조 세계의 증언자이신 하나님이라는 실재 앞에서 상대화된다는 진실을 일깨워 줍니다. 이는 안전을 보장해 주는 확신이 아닙니다. 오히려 반대입니다. 박해를 감내하는 그들의 모습은 이 세상 너머에 어떤 치유가 있다고 보장해 주지 않습니다(물론 신앙의 다른 가르침들은 그렇게 약속하지만 말이지요). 그들은 또 다른 관점, 다르게 보는 방식을 우리 눈앞에서, 구체적인 몸으로 보여주었을 분입니다. 그리고 이것이 복음, 곧 기쁜 소식입니다. 예수께서는 이 소식을 듣거든 기뻐하라고 말씀하셨습니다. 이 소식을 믿고, 그분을 믿는다는 이유로 거절당하고 비난당한다면, "기쁨에 펄쩍 뛰라고"까지 하셨습니다. 여기서 우리는 복음서 특유의 쌉싸름한, 반어의 어조를 감지하게 됩니다. 그분은 말씀하십니다. "너희의 상이 크다"(마 5:12) 그 상은 바로 하나님입니다. 세상이 무슨 일을 벌이든 우리가 무슨 일을 하든, 당신의 본성과 목적에서 결코 눈을 돌리거나 빗나가지 않으시는 하나님의 자유를 깨닫는 것, 그것이 바로 상입니다.

팔복은 바로 이 지점을 가리킵니다. 하나님의 자유가 자신을 조율하고 있음을 발견하는 이들, 무한한 자비와 관대함이라는 자유에 공명함으로써 자신과 자신의 혼란, 갈등, 정념, 본능을 또 다른 관점의 빛 아래 바라볼 수 있게 된 이들은 복이 있습니다. 정념과 본능의 생리를 이해하기 위해 우리가

시기, 절망, 그리고 희망의 빛

하는 모든 작업은 결국 우리가 바라보는 하나님이 어떤 분인지를 명확히 하는 일로 귀결됩니다. 그리고 이제 우리는 다시 출발점으로, 교만과 가난이라는 말을 통해 고찰했던 그 긴장의 자리로 되돌아갑니다. 당신은 은밀하게라도 자신이 스스로의 창조자라고 믿고 있습니까? 아니면 당신이 하나님의 손안에 있음을 알고 있습니까? 우리에게 홀로 자신을 완성하고 새롭게 빚어낼 능력이 있다고 믿으시나요? 아니면 우리의 들숨과 날숨이 문자 그대로든 은유든 하나님의 성령께서 하시는 일임을 알고 있습니까? 우리의 의존성을 인정하는 '심령의 가난'이야말로 우리의 가장 풍요로운 자원이자 최종 안전지대입니다. 우리가 피조물임을 아는 것이 창조주의 기쁨에 참여하는 길입니다.

부활하신 예수께서 이 기쁨을 우리에게 열어 주셨습니다. 그분은 정념으로 가득 차고 부서지기 쉬운 인간성을 취하셨고 이를 온전히 우리와 나누셨습니다. 그분은 우리처럼 본능과 감정을 아셨고 분노와 욕망이 밀물처럼 밀려들 때 그 힘이 얼마나 강력한지도 아셨습니다. 그러나 그분 정체성의 중심에는 만물의 근원이신 하나님, 곧 아버지를 향한 무한하고도 상상할 수 없는 개방성이 있었습니다. 영원한 아들께서는 바로 그런 방식으로 존재하십니다. 그렇기에 예수께서는 우

영혼의 참된 자유

리와는 전혀 다른 방식으로 자신이 누구인지 아십니다. 그리고 이 앎을 통해 그분은 정념을 지닌 인간성을 하나님의 충만함을 담는 그릇으로 자유롭게, 새롭게 빚어내실 수 있습니다. 예수께서는 이를 당신의 몸인 교회, 곧 성사 안에서, 믿는 이들이 나누는 구체적인 사귐 안에서, 이들을 통해 행하십니다. 우리가 이 자유를 누린다고 해서 정념 자체가 사라지지는 않습니다. 다만 우리는 세상에 끔찍한 불의와 폭력을 낳는 본능의 자동 반응, 자기-섬김self-serving이 일으키는 왜곡에서 해방됩니다. 그리스도께서는 성령이라는 선물을 통해 당신의 정신, 당신의 관점을 나누어주셨습니다. 그래서 신비롭게도 (그리고 대부분은 듬성듬성하고 불완전할지라도) 우리는 그분의 관점으로 판단할 수 있습니다. 정념이 솟구치고, 휘몰아치고, 우리를 장악하려 할 때, 우리에게는 이 생명을 주는 분별력이 필요합니다. 우리 내면에서 일어나는 소란을 바라보며 '이것이 전부가 아니다. 이것이 끝이 아니다'라고 되뇌일 수 있게 해주는 관점이 필요합니다. 내가 보는 것이 볼 수 있는 전부가 아닙니다. 그런 내 시야를 성령께서 맑게 해주십니다. 그리고 이는 부활하신 그리스도께서 내게 끊임없이 주시는 선물입니다.

이번 장을 시작하며 하나님의 선물이 가져다주는 정화

시기, 절망, 그리고 희망의 빛

와 조명의 효과에 대해 수도 전통과 전례 전통이 사용했던 심상, '어두운 밤'의 심상에 대해 이야기한 바 있습니다. 부활의 빛이 가리키는 지점도 바로 여기입니다. 부활의 빛은 단지 우리 자신을 좀 더 또렷하게 비춰주는 데 그치지 않습니다(솔직히 말하면, 내 모습을 선명하게 보게 되는 일이 그 자체로 기쁜 소식이라고는 할 수 없겠지요). 이 빛은 성령 안에서 우리와 함께하시는 찬란한 그리스도를 통해 하나님께서 빚어가시는 세상의 전체 풍경을 있는 그대로 보게 해줍니다. 하나님의 은총으로 드러난 이 풍경이야말로 우리의 본향, 우리가 속한 곳입니다. 이곳이 바로 무정념, 곧 정념의 폭정에서 벗어난 삶이 이르러야 할 마지막 목적지입니다. 우리는 기쁨과 감사 가운데 살아가고, 명료함과 자유를 익히며, 사랑 안에서 한 뼘씩 자라기 위해 날마다 기도하고 애씁니다. 신실함의 개척자이신 예수 안에서, 그분을 통해 하나님께서 우리의 뒤엉킨 삶을 받아들이시고 치유하시는 모습을 지켜봅니다. 바로 그런 초연함을 익히며 그 목적지를 향해 우리는 자라납니다.

영혼의 참된 자유

그리스도께서 서 계신 곳에 서기

그리스도교 영성 고전들은 우리가 살아가는 환경, 세계를 근본적으로
다시 서술해 보라고 제안합니다. 그렇게 새롭게 서술된 세계 안에서
는 우리가 무엇을 위해 노력해야 하는지가 결코 자명하지 않습니다.
그 목표는 오직 인간과 창조주에 대한 근본적인 믿음에 전적으로 의
존하는 훈련을 통해서만 상상할 수 있고 실현될 수 있습니다.

먼저 그리스도교 영성은 무엇이 아닌지 생각하면서 이야기를 시작해 보지요. 최근 들어 '영적'spiritual 이라는 말이 기이할 정도로 유행하고 있기 때문에 이 영역은 어느 정도 수준에서는 계속 신화화하는 데서 벗어나야 합니다. 영성을 함양한다거나 학교에서 영적 가치를 높여야 한다는 논의들이 있습니다. 적잖은 사람들이 우리 삶 어딘가에는 손에 잡히지 않지만, 꽤 중요한 영적 영역이라는 게 따로 있어서 신경을 써야 하지 않을까 생각하기도 하지요. 이러한 경향은 영성을 인간성의 한 측면으로 여기게 부추깁니다. 이렇게 되면 영성 훈련은 평소에 쓰지 않아 굳어버린 팔다리나 근육을 다시 단련하는 일과 크게 다르지 않게 되지요. 이런 식의 영성은 다양한 치유 요법, 그리고 세상(그리고 세상에 대한 자기 자신의 반응)과 조화롭게 사는 기술과 쉽게 연결되곤 합니다. 이때 세상은 어떤 종류의 지혜를 실천함으로써 극복해야 할 문제들의 집합체입니다. 전통 종교의 실천을 의심스러워하는 이들도 이런 관점에 대해서는 상당히 관용 어린 태도를 보이지요(물론 관용은 영적 미덕이기도 합니다).

이러한 태도가 본질적으로 잘못되었거나 어리석은 것은 아닙니다. 우리에게 끈질기게 상처를 입히고 좌절감을 안기는 환경 속에서 어떻게 하면 조화롭게 살아갈 수 있을지 관심

그리스도께서 서 계신 곳에 서기

을 기울이는 것은 분명 좋은 일입니다. 하지만 그리스도교 영성 전통에 속한 본문들을 제대로 이해하고 싶다면, 오늘날 사람들이 영성에 속한다고 여기는 것들로부터 몇 걸음 뒤로 물러나야 합니다. 지금 유행하는 범주들을 가지고는 그리 멀리 갈 수 없습니다. 이러한 상태에서 고전 본문들이 복잡한 세상을 살아가는 데 필요한 처세술이나 지혜를 즉각 보여주지 않으면 우리는 당혹감을 느낄 수밖에 없습니다.

그리스도교 영성 고전들은 우리가 살아가는 환경, 세계를 근본적으로 다시 서술해 보라고 제안합니다. 그렇게 새롭게 서술된 세계 안에서는 우리가 무엇을 위해 노력해야 하는지가 결코 자명하지 않습니다. 그 목표는 오직 인간과 창조주에 대한 근본적인 믿음에 전적으로 의존하는 훈련을 통해서만 상상할 수 있고 실현될 수 있습니다. 그리스도교 영성 본문들은 우리가 어떻게 특정한 도덕과 상상력으로 이루어진 세계를 살아가는 시민이 될 수 있는지를 다룹니다. 그리하여 마침내 자기 자신을 새롭게 보고 생각하게 만들지요. 여기서 기술을 익히는 과제(일부 사람들의 생각과 달리 그리스도교 영성에서도 기술을 익히는 것은 중요합니다)는 특정 자리를 차지하는 과제, 곧 내가 어디에 있으며 누구인지 특정한 방식으로 파악하는 과제와 떼려야 뗄 수 없습니다. 그리고 이 자리는 우주

속 인간에 대한 제3자의 관찰에 입각한 설명이 아니라 구체적인 역사의 이야기와 정체성이 규정합니다.

초기 그리스도교 본문에서 '영'spirit이 어떤 의미를 지니고 있는지 살펴보면 이 점이 명확해집니다. 인간 존재를 몸, 혼, 영의 삼중 구조로 말하는 것처럼 보일 때도 있지만(살전 5:23), 바울의 저술 전반을 살펴보면 영은 단순히 인간 경험의 한 영역이나 구성 요소가 아님은 분명합니다. 바울의 주요 서신들이 보여주듯 (영이 하나님의 영인지 '영적인' 우리 자신을 포함하는지는 모호할 때가 많지만) 영 안에서 또는 영을 따라 사는 삶은 하나님과 이웃, 그리고 환경과 맺는 관계의 총체를 가리킵니다.

우리는 '육'을 따르는 삶에서 해방되었습니다. 여기서 육이란 자기를 향한 본능에 지배되는 삶을 뜻합니다. 바울에 따르면 우리는 더는 "자신들을 위하여"(고후 5:15) 살지 않고, 코이노이아koinonia 안에서 살아갑니다. 코이노이아는 타인의 유익과 안녕을 열망하는 관계이며 예수께서 친히 "아빠, 아버지"라고 기도하셨던 바로 그 하나님과의 관계 안에서 사는 것입니다(롬 8:5; 갈 4:6). 바로 여기서 우리의 장소가 정해집니다. 그리스도인인 우리는 예수께서 서 계신 곳에 서며, 예수께서 기도하신 대로 기도합니다. 하나님을 "아빠"라 부르

그리스도께서 서 계신 곳에 서기

며 그 자리에 설 때, 우리는 세상의 선과 치유를 향한 예수의 지향을 함께 나누게 됩니다. 예수께서 서신 자리에 함께 선 우리는 코이노이아로 묶여, 서로를 경쟁자가 아니라 하나님의 선물을 품고 있는 존재로 바라봅니다.

성령 안에서 사는 삶은 우리와 이웃 사이, 우리와 하나님 사이에 세워진 장벽을 넘어선 삶입니다(여기에 우리 자신과 우리의 내면 사이에 있는 장벽까지 허무는 삶이라고 덧붙이고 싶습니다. 성령께서는 우리가 미처 바라는 줄도 몰랐던 깊은 갈망을 우리 안에서 길어 올리시기 때문입니다[롬 8:26 참조]). 또한 성령 안에서 사는 삶은 자기 정당화에 대한 강박에서 완전히 벗어난 삶입니다. 예수께서 서 계신 자리는 아버지께서 영원히 그분을 긍정하신 자리입니다. 그곳에서는 내 자리를 마련해 달라고 협상하거나 특혜를 달라고 따질 필요가 없습니다. 모든 것이 예수께, 그리고 예수를 통해 이미 우리에게 주어졌으니까요.

바로 이 그리스도교 신학의 가장 기본적인 관점에서 우리는 그리스도교 영성의 핵심을 찾아야 합니다. 이러한 맥락에서 볼 때 영적인 삶은 결코 삶의 일부분이나 특정 관심 영역에 머물 수 없습니다. 영적인 삶은 물질로 이루어져 있고, 상상하며, 욕망하는 신자의 삶 그 자체입니다. 그래서 영성에 대한 탐구는 교리, 윤리, 예술, 그리고 그 밖의 온갖 영역으로 흘러넘칠 수밖에 없습니다. 영성을 다루는 그리스도교 저술가는 본질상 예수에 의해 규정된 자리에서 온전한 인간으로 산다는 것이 무엇인지를 씁니다. 이번 장 나머지 부분에서는 초기, 그리고 중세 그리스도교 저술가들이 이해했던 바를 중심으로 그 자리에 선다는 것이 구체적으로 어떤 의미인지 살펴보겠습니다.

예수 그리스도께서 서 계신 자리라는 관념을 파악하기 어려운 이유는, 그리스도교 신앙의 심장부에 예수에 관한 이야기가 자리 잡고 있기 때문입니다. 예수와 관련된 순간들도, 심상들도 다채롭습니다. 따라서 그리스도를 본받는다는 것이 무엇인지 단번에 결정해 명쾌한 설명을 제시하는 건 불가능합니다. 예수께서는 예언자이자 치유자셨습니다. 그분은 하나님을 "아빠"라고 부르며 독특한 친밀함으로 기도하셨습니다. 그분은 십자가에 달리셨고 수치를 겪으셨습니다. 그분은 부활하셨고 하늘로 들어 올려지셨습니다. 그리고 초기 그리스도교 저술가들에게는 여기에 하나의 차원이 더 있었습니다. 바로 예수는 육신을 입은 하나님의 영원한 말씀이라는 것입니다. 따라서 여기에 덧붙여야 할 또 하나의 이야기(좀 기이한 이야기)가 생깁니다. 영원한 말씀이 하늘의 영광을 버리고 인간이 되셨다는 이야기, 그리고 영원한 말씀이 아버지

157

를 향한 경배 가운데 자신을 쏟아붓고 창조주 아버지의 사랑이 흐르는 통로가 된다는 이야기 말이지요. 이러한 맥락에서 성령 안에서 사는 삶을 어떻게 말할지는 예수의 어떤 이야기, 어떤 심상을 중심으로 잡느냐에 따라, 또는 (단순히 말하면) 지금 이 순간 의도하는 바를 전달하는 데 어떤 심상이 효과적인지에 따라 달라질 것입니다. 먼저 2-3세기 알렉산드리아 학파를 지배했던 클레멘스와 오리게네스의 신학을 살펴보겠습니다. 그들이 설명하는 그리스도인의 삶의 중심에는, 오늘날 우리가 아는 예수 따르기와는 사뭇 거리가 먼 낯선 생각들이 자리 잡고 있습니다. 우리는 주로 역사 속 예언자이자 치유자인 예수에게 집중하는 반면, 그들은 한결같이 말씀, 곧 로고스라는 영원한 생명에 주목했기 때문입니다.

그들이 보기에 예수께서는 천상의 실재를 구현하는 분입니다. 이 실재는 만물의 궁극적 근원인 유일하신 참 하나님과 완전히 같은 층위에 있지는 않지만, 하나님께서 당신의 생명을 발휘하시는 방식입니다. 로고스는 말하자면 하나님께서 역사하시는 모습이며 하나님의 생명이 흘러나오는 통로입니다. 하나님의 생명은 균형과 조화를 통해 자신을 드러냅니다. 만물의 궁극적인 원천은 순수한 단일성unity입니다. 하지만 이 원천이 활동하고 움직일 때는 서로 다른 수많은 실재

영혼의 참된 자유

가 혼란이 아닌 조화로운 관계 속에서 공존할 수 있게 움직입니다. 특히 오리게네스는 하나님의 뜻과 행위가 이렇게 표현되는 것을 영원한 사건, 곧 하나님에게서 말씀이 끊임없이 흘러나오는 것으로 보았습니다. 말씀은 하나님을 향해 시선을 고정하고 바라본다는 점에서, 단순한 통로가 아니라 그 자체로 살아 움직이는 것입니다. 하나님에게서 밖으로 흘러나가는 움직임은, 다시 그 원천으로 되돌아오는 사랑의 눈길, 응답의 리듬과 균형을 이룹니다. 피조물의 참된 운명은 바로 이 응답의 리듬에 합류하는 것입니다. 성령 안에서 사는 삶이란 곧 말씀과 하나를 이루는 삶입니다.

　이같은 맥락에서 인간 예수는 로고스의 생명과 완벽하게 결을 같이 하는 유일한 피조물입니다. 그는 완벽하게 이성적인 삶을 삽니다. 물론 이런 표현은 우리에게 매우 낯설게 들립니다. '이성적인'이라는 말을 들으면 우리는 사리 분별이 빠르거나 감정에 휘둘리지 않는 냉철한 상태를 떠올립니다. 다소 부정적이거나 아니면 고루하고 삭막하게 다가오지요. 하지만 오리게네스와 그를 따르는 이들에게 이성적인 삶은 전혀 다른 의미였습니다. 그것은 더없는 행복에 푹 잠겨 하나님의 생명의 아름다움과 단순함을 바라보는 삶이었습니다. 주변 물질세계가 쏟아내는 온갖 산만함으로부터 자유로

그리스도께서 서 계신 곳에 서기

운 삶, 정념, 곧 자극에 즉각 반응하는 자기중심적 본능과 감정의 영역에서 해방된 상태를 뜻하기도 했습니다. 이때 땅에 속한 유한한 형상들과 욕망은 저절로 떨어져 나갑니다. 그리고 영은 본래 창조된 목적대로 지극히 활동적이고 하나이신 하나님의 본성을 비추어 하나님께 돌려 드립니다. 로고스와 예수의 이 끊어지지 않는 결합 덕분에, 우리에게도 참된 영적 자아로 살아갈 자유의 길이 열립니다. 하지만 여기에는 훗날 수많은 그리스도인을 곤혹스럽게 만든 난점이 하나 숨어 있습니다. 이 관점에서는 예수께서 지상에서 겪으신 구체적인 삶 그 자체는, 그 안에 깃든 말씀이라는 영원한 생명에 비하면 영적으로는 별로 중요하지 않게 된다는 것입니다. 목표는 나사렛 예수를 본받는 것이라기보다는 천상의 말씀과 하나가 되는 것이니 말이지요. 예수에 대한 이야기는 언제나 자기 너머를 가리키고 있으니 그 이야기에만 머무는 것은 감각 세계에 얽매이는 것, 일종의 노예 상태에 머무는 것과 다름이 없게 됩니다.

결국 이들에게 예수께서 서 계신 자리란, 성부라는 신비 앞에 선 로고스의 자리였습니다. 이 신비는 우리가 결코 완전히 파악할 수도, 헤아릴 수도 없습니다. 이 자리에 이르려면 내면의 갈등, 하나님을 바라보는 영의 시선, 우리를 끊임없이

영혼의 참된 자유

잡아당기는 감정과 본능(정념) 사이의 긴장이 해소되어야 합니다. 그래야 영이 자유로워져 하나님을 온전히 볼 수 있기 때문입니다. 또한 로고스와의 조화를 추구하는 것은, 우리의 궁극적 자유의 목적이 나머지 창조 질서와 균형을 이루는 데 있다는 뜻이기도 합니다. 적어도 그 창조 질서가 진리와 균형을 지니고 있는 한 말이지요. 특히 오리게네스 전통에서는 우리 정신을 이성적이고 시종일관 모순이 없으신 하나님께서 창조하신 우주의 합리적이고 질서 잡힌 구조와 일치시켜야 한다고 강조했습니다. 이와 유사하게, 영적 자유를 향한 여정에는 성경 깊은 곳에서 일관되게 흐르는 질서에 우리를 일치시키는 과정이 포함되어야 한다고 이야기하기도 했지요. 전체 창조 질서가 그러하듯 성경 역시 겉으로 보기에는 다양하고 갈등으로 가득 차 보이지만, 그 이면에는 통일되고 합리적인 지혜가 흐르고 있다고 보았기 때문입니다. 성경의 영적 독자는 표면 아래에 있는 것, 곧 이야기와 계명들의 '영적 의미'를 분별해 내야 하며 표면의 (하지만 자칫 우리를 속일 수도 있는) 난제들에 대해서는 너무 얽매이지 않고 한발 물러서는 법을 익혀야 한다고 오리게네스 전통은 말했습니다.

많은 초기 그리스도교 사상가는 이러한 오리게네스의 관점이 안고 있는 위험을 분명하게 감지했습니다. 오리게네

그리스도께서 서 계신 곳에 서기

스는 영과 이를 감싸고 있는 육신을 너무 극단적으로 분리하는 것은 아닐까? 성경을 영적으로만 읽다 보면 역사의 이야기들과는 완전히 동떨어진 무언가로 성경의 참된 의미를 변질시킬 위험은 없을까? 천상의 말씀을 너무 강조한 나머지 지금 우리 모습 그대로, 곧 살과 피를 가진 존재인 우리에게 말씀하시는 예수, 육신을 입은 예수에게는 별다른 관심을 보이지 않게 하지는 않을까?

오리게네스에게 깊이 공감하고 그의 영향을 받았으면서도 이런 위험들에 빠지지 않기 위해 다양한 방식으로 분투했던 이들이 있었습니다. 그중 가장 중요한 인물이 바로 4세기의 위대한 신학자 니사의 그레고리우스입니다. 그는 하나님을 삼위일체 하나님으로 사유하는 고전적인 어휘를 확립한 카파도키아 교부들 중에서도 가장 독창적이고 심오한 인물이었지요. 그레고리우스는 영이 육보다 더 강하거나 낫다고 생각하게 만들 수 있는 모든 주장에 대해 신중하게 단서를 답니다. 몸은 그 자체로 영을 반영하며, 다른 한편으로는 영 또한 창조되었기에 하나님이라는 충만한 실재에는 언제나 미치지 못하기 때문입니다. 하지만 좀 더 중요한 지점이 있습니다. 그레고리우스와 그의 동료들은 하나님을 저 멀리, 저 너머에 계시면서 대리자인 로고스를 통해 세상에 자신의 신비

영혼의 참된 자유

를 전달하는 태초의 아버지가 아니라 영원부터 필연적으로 성부, 성자, 성령이신 분으로 분명하게 이해했습니다. 성자와 성령은 하나님의 생명을 온전히 공유하십니다. 이러한 측면에서 영적 삶의 목표를 단순히 로고스와의 일치라고 말하는 것은 충분치 않습니다.

그레고리우스는 오리게네스를 연상시키는 방식으로, 우리가 하나님의 신비를 보기 위해서는 예수 그리스도라는 반석 위에 서야 한다고 말합니다. 하지만 동시에 우리가 그 위에 서는 이유는 하나님께서 지나가시는 모습을 보기 위해서라고도 말하지요. 여기서 그레고리우스는 출애굽기 33장에 나오는 모세의 기이한 이야기를 해석합니다. 여기서 모세는 하나님께 당신의 영광을 보게 해달라고 청합니다. 그러자 하나님께서는 당신의 얼굴을 보고 살 사람은 없기에 지나가면서 등만 보여주겠다고 약속하시지요. 이를 그레고리우스는 복음서에 나오는 그리스도의 가르침, 곧 "나를 따르라"는 말씀과 연결합니다. 누군가를 뒤따라갈 때는 그 사람의 얼굴을 볼 수 없다면서 말이지요. 달리 말하면, 하나님의 영광을 보는 일은 예수 그리스도를 따르는 일과 떼어놓을 수 없다는 것입니다. 그레고리우스에게 예수께서 서신 자리에 선다는 것이 무슨 의미냐고 묻는다면, 역설적인 답을 제시할 것입니다.

그리스도께서 서 계신 곳에 서기

예수께서 가시는 곳에 함께 가는 것이며, 단순히 우리 힘이 아닌 그분에 의해 휩쓸려 가는 것이라고 말이지요.

이 지점에서 그레고리우스의 저술을 관통하는 두 가지 근본적인 통찰이 드러납니다. 그의 작품 중 가장 위대한 작품인 『모세의 생애』*De Vita Moysis*에서 그레고리우스는 출애굽 이야기를 묵상하며 그리스도인의 삶을 탐구합니다. 그에 따르면 우리는 노예 상태, 곧 이기심과 시기 같은 얽매인 상태에서 해방되어 광야로 나아갑니다. 이 여정의 절정은 모세가 시내산 꼭대기에 올라가 어둠 속에서 하나님을 만나는 장면입니다. 하나님께서 보이지 않는 어둠 속에 계시므로 영적인 삶이란 멈추지 않고 언제나 움직이는 삶이어야 합니다. 이 삶에서는 결코 완전히 이해했다고 만족하는 단계에 도달할 수 없습니다. 우리는 끊임없이 알 수 없음의 길로 이끌립니다. 피조물이라는 한계를 지닌 영은 결코 하나님의 생명 전체를 아우를 수 없습니다. 우리가 바랄 수 있는 최선은 아버지를 향한 아들의 여정에 휩쓸려 들어가는 것입니다. 영원히 자신의 생명을 아들에게 쏟아부으시는 아버지를 향해 시간과 영원 속에서 자신의 생명을 쏟아붓는 아들의 여정 말이지요. 여기서 강조점은 미묘하지만, 오리게네스와는 확연히 다릅니다. 오리게네스는 그리스도인의 삶의 목표를 다양하고 산만한 세상에 타협하는 요소들을 모두 제거한 명징한 시선으로 보았습니다. 반면 그레고리우스에게 그리스도인의 삶의 목표란 보는 동시에 보지 못하는 것, 우리가 갈망이라고 부를 만한 요소가 결코 사라지지 않는 것입니다(물론 그는 다른 저술들에서 이 갈망이 우리가 영원히 불만족스럽다거나 우리에게 결핍된 무언가를 영원히 갈구한다는 뜻으로 들리지 않도록 신중하게 표현합니다). 달리 말하면, 묘한 말이기는 하나 우리의 목표는 예수께서 서신 자리에 서는 것이 아니라, 예수께서 서신 자리에 완전히 서지는 못하게 되는 것입니다. 그분의 삶이 영원과 역사에 닦아 놓으신 그 길을 따라 언제까지나 이끌려가는 것이지요. 바로 이 때문에 그레고리우스는 다른 저술에서 예수를 따르는 삶은 서로를 기꺼이 섬기고 깊이 받아들이는 일을 반드시 포함한다고 이야기했으며,『모세의 생애』에서는 그리스도인의 삶을 파괴하는 악으로 유독 '시기'에 대해 많은 이야기를 했습니다. 시기는 앞서 가시는 그리스도가 아니라 서로를 쳐다보게 만들기 때문입니다.

그리스도인의 여정에 담긴 어둠의 요소, 그리고 미완결성을 강조한 사람이 그레고리우스가 처음은 아닙니다. 그가 이 주제를 이전보다 훨씬 더 세련되고 정교하게 설명했지만 말이지요. 어둠을 뚫고 예수를 따르며 그분께서 서 계신 자리를 찾는다는 것은 초기 그리스도인들이 순교에 대해 생각했던 바를 요약한 것일 수도 있습니다. 첫 3세기 동안 교회에서 그리스도의 자리에 서는 가장 분명하고 강력한 모형은 순교였습니다. 순교자의 몸은 아주 강력한 의미에서 그리스도께서 계신 자리였지요. 2세기 여자 노예 펠리키타스Felicitas는 경기장에서 죽음을 앞두고 말했습니다. "내 안에 계신 다른 분이 나를 대신해 고통당하실 것이며, 나 또한 그분을 위해 고통받을 것입니다." 또 다른 여자 노예 블란디나Blandina 역시 이방인 폭도들 앞에서 십자가형을 당했는데, 당시의 기록은 십자가에 달린 그녀의 몸이 곧 주님의 형상이었다고 묘사합니다. 당시 그리스도인들에게 순교자는 거룩함이 드러나는 현장이었습니다. 순교자가 모범이 되는 용기를 보여주어서가 아니라 성찬의 빵과 포도주에 그리스도가 임하시는 것만큼이나 분명하게 고통받는 순교자의 몸에 그리스도가 실질적으로 임하시기 때문입니다. 순교와 관련해 널리 알려진 두 문헌은 순교와 성찬이 얼마나 깊이 맞닿아 있는지를 잘 보여줍니다. 2세기 초 안티오키아의 주교 이그나티우스Ignatius는 자신의 몸이 경기장에 있는 맹수의 이빨에 부서져 하나님의 백성을 위한 빵이 되기를 소망합니다. 그리고 몇 십 년 뒤, 이그나티우스의 친구이자 스미르나의 주교였던 폴리카르푸스Polycarp가 처형을 위해 경기장으로 끌려갔습니다. 불이 붙기 전 그는 기도를 드렸는데, 이는 명백히 주일마다 그가 드렸을 성찬 기도를 상기시키려는 의도를 담고 있었습니다. 그의 몸은 그리스도께서 임하실 성찬의 제물이었습니다. 이러한 맥락에서 그의 순교록은 불길 가운데 빵 굽는 냄새가 났다고 이야기하지요.

하지만 순교자들에 관한 문헌은 초기 교회가 안고 있던 중요한 문제 또한 선명하게 보여줍니다. 바로 그리스도께서서 계신 곳에 마땅히 권위도 있어야 한다는 생각이었지요. 이그나티우스는 그리스도를 위해 자신이 겪게 될 고난이 (아직 그 일이 닥치기도 전부터) 자신의 결정과 권고에 남다른 힘을 실어준다는 점을 분명히 했습니다. 훗날 신앙 때문에 투옥되고 고문당했던 이들이 풀려난 뒤 다양한 방식으로 자신들에게 권위가 있다고 주장했는데, 이는 지역 교회의 제도상 권위와 충돌하는 측면이 있었습니다. 그리고 박해 시대가 끝난 뒤 신앙을 위해 고난받은 이들의 권위는 점차 거룩한 금욕 수행자, 곧 그리스도를 위해 자발적으로 고난을 짊어진 이들의 권위로 대체되었고 또다시 긴장이 불거졌지요.

이는 단순히 교회 정치의 문제가 아닙니다(그런 측면도 있지만 말이지요). 지금까지 논의에 비추어 본다면, 이 문제는 그

그리스도께서 서 계신 곳에 서기

리스도께서 서 계신 자리를 어디서 가장 분명하게 확인할 수 있느냐는 문제로 보아야 합니다. 최근 연구들이 강조하듯, 이 긴장의 핵심은 거룩한 개인의 비범한 성취에서 그리스도를 알아볼 것인지, 아니면 교회의 눈에 보이는 권위 체계 아래서 영위되는 공동체의 삶에서 그리스도를 알아볼 것인지에 있었습니다. 이그나티우스나 폴리카르푸스는 순교라는 비범한 죽음을 교회 전체를 위한 일종의 성찬의 예물로 여겼으나 점차 거룩한 남녀 개인의 은사로 여기는, 개인을 강조하는 흐름으로 옮겨갔지요. 논쟁의 양측 모두 나름의 근거가 있었습니다(이 갈등은 3세기 중반 카르타고, 4세기 초 알렉산드리아, 4세기 중반 소아시아에서 매우 격렬하게 일어났습니다). 그리스도의 자리는 인격적인 장소입니다. 그렇기에 구체적인 한 사람의 생애와 인간의 육체라는 특정 위치를 갖지요. 그러나 신약성경은 그리스도의 자리가 무엇보다도 함께하는 삶, 곧 성령으로 살아 움직이는 신자들의 공동체라고 이야기합니다. 이 두 요소 사이에서 균형을 잡으려는 힘겨운 줄타기는 그리스도교 지성사에 깊고도 오랜 흔적을 남겼습니다. 그리스도교 '영성'의 역사는 이러한 긴장들로 가득합니다. 카리스마를 지닌 개인의 권위에 대한 의심과, 역사를 거치며 형성된 권위(제도)에 대한 무조건적인 충성에 의심이 끊임없이 오갔지요. 세계

주요 종교 중 그리스도교만큼 권위에 대해 일관되게 요동치는 태도를 보인 종교도 없을 것입니다. 이는 서구 근대 특유의 깊은 의심의 문화가 (좋든 싫든) 그리스도교의 질문들로부터 싹텄다는 사실을 잘 보여줍니다. 최근 많은 학자가 주장하듯, 그리스도교 영성 전통을 이해하면 서구 일반 문화사를 깊게 볼 수 있는 시각을 얻을 수 있습니다. 인간의 온전함에 대한 그리스도인들의 생각, 자아와 자아의 맥락과 관련해 그리스도인들이 형성한 심상은 자연스럽게 자아와 사회 전체에 대한 사유를 빚어냈습니다. 앞에서도 말했듯, 그리스도인들은 영적인 것을 개인의 감정이나 자기 수양을 위한 사적 특권으로 여기지 않았기 때문입니다.

그리스도교 전통이 지중해와 북유럽 (그리고 결과적으로 북미) 문화의 자아관을 형성한 과정은, 우리가 추구하는 그리스도의 평화에 도달하기 위해 반드시 거쳐야 할 문제와 연관이 있습니다. 그 문제란 우리 자아가 깊이, 아니 근본적으로 에로스의 성격을 지니고 있다는, 달리 말하면 무언가를 끊임없이 갈망하는 주체라는 사실입니다. 앞서 니사의 그레고리우스가 하나님을 향해 영원히 성장해 가는 자아를 설명하면서 욕망이라는 요소를 어떻게 위치시킬지 씨름했던 모습을 살핀 바 있습니다. 그레고리우스의 다음 세대인 아우구스티누스 역시 다른 언어(그리스어가 아닌 라틴어)로, 타의 추종을 불허하는 상상력과 깊이를 발휘해 같은 주제를 파고들었습니다. 그렇다면 욕망은 그리스도의 자리와 도대체 무슨 관련이 있을까요? 그레고리우스에게서 보았듯, 욕망을 통해 그리스도를 설명하려는 시도는 자칫 그리스도가 서 계신 자리를 그분이 계시지 않는 자리와 동일시하는 당혹스러운 역설로 보일 수 있습니다. 그분이 전에는 계셨으나 우리가 다다랐을 때는 이미 앞서 나가서 더는 그곳에 계시지 않는, 바로 그 빈자리 말입니다. 이 역설을 풀 실마리는 그리스도와 우리의 관계를 단순히 갈망하고 갈망 받는 차원을 넘어 일종의 혼인으로 확장할 때 드러납니다. 이 관점에서 보면 우리는 지금 그분이 계시지 않는 곳에 있지만, 그리스도가 계시지 않는 바로 이곳에 창조된 자아의 연인이자 배우자인 그분이 찾아오실 수밖에 없습니다.

이러한 관점에서 그리스도께서 서 계신 자리에 선다는 것은, 혼인 언약을 통해 맺어지는 성적 결합만큼이나 친밀한 관계를 그분과 맺는, 그리스도의 반려자가 된다는 뜻입니다. 이로써 우리는 영원하고 실패 없는 헌신의 대상이, (난제임에도 불구하고 그리스도교 신학자들이 대담하게 쓰기를 주저하지 않았던 표현을 빌리면) 하나님의 욕망의 대상이 됩니다.

영혼의 참된 자유

물론 신약성경에서도 그리스도가 그리스도교 공동체의 신랑이라고 이야기합니다. 구약에서 하나님을 이스라엘 백성의 남편으로 묘사한 오래된 심상을 그리스도 안에 계신 하나님과 교회라는 관계로 옮긴 것이지요. 에베소서와 요한계시록이 이를 잘 보여줍니다. 오리게네스는 아가서를 그리스도와 개별 영혼(그리고 교회)의 사랑으로 해석하는 체계적인 주석을 처음 시도했고, 니사의 그레고리우스는 이를 더 깊게 발전시켰습니다. 중세에 이르러 클레르보의 베르나르두스 Bernard of Clairvaux가 남긴 아가서 설교는 이러한 해석이 어떻게 꽃을 피웠는지 보여주는 대표적인 사례입니다. 그는 현대인의 눈으로 보기에도 깜짝 놀랄 만큼 에로스가 녹아들어 있는 심상을 사용하는 데 주저함이 없었습니다. 이 논의를 가장 정교하게 발전시킨 인물은 아마도 16세기의 십자가의 요한일 것입니다. 특히 그의 시는 우리가 예수께서 계신 곳이자 동시에 계시지 않는 곳에 있다는 역설을 포착하기 위해, 사랑의 부재 가운데 목말라하는 모습과 사랑에 취한 모습을 자유자재로 그려 내지요. 사랑하는 분은 현존하십니다. 세상을 창조하고 질서를 세우는 분으로서 세상 전체에 계실 뿐만 아니라 연인으로서, 곧 우리가 향유하는 분으로서 말입니다. 이 만남을 통해 창조된 자아는 상처를 입습니다. 영혼은 순결(고립된 상태)을 잃고, 타락한 피조물의 견고한 자기 폐쇄성은 뚫립니다. 기쁨을 얻고 잠시 이를 맛보지만, 곧이어 물러나는 부재가 찾아옵니다. 그러나 (요한이 해석하듯) 이 부재의 경험, 곧 구주께서 주시던 사랑에 대한 확신이 사라져 버린 채 대상이 누구인지도, 무엇인지도 모르는 어둠 속에서 겪는 경험은 역설적으로, 영혼을 그리스도의 자리에 더 깊이 뿌리내리게 합니다. 그리스도의 활동 자체가 부재의 경험, 곧 욕망이 피할 수 없는 죽음과 정면으로 마주하는 경험에서 절정에 달하기 때문입니다.

십자가의 내적·외적 고뇌 가운데 그리스도가 철저히 무로 나아가신 사건이야말로, 영혼이 겪는 버림받음의 고통을 이해할 수 있게 해주는 열쇠입니다. 그 부재의 자리에서 영혼은 그리스도를 더 닮아가도록 변화됩니다. 영혼의 갈망은 점점 더 기다림과 환대 그 자체가 되어갑니다. 마치 성령 안에서 아버지와 말씀 사이에 영원히 존재하는 사랑, 완전히 열린 사랑처럼 말이지요. 요한의 『사랑의 산 불꽃』*Living Flame of Love*에 담긴 심상은, 성령이 우리의 영혼을 하나님을 닮은 존재로 변모시키면서 세상에서나 영적인 만족을 바라는 우리의 욕망을 태워버린다는 것을 전제합니다. 그렇게 함으로써 영혼은 하나님을 향한, 하나님의 사심 없는 욕망으로 타오르게 됩니다(아주 역설적인 표현이지만, 요한이 의도한 그 철저함을 표현할 길은 이 길밖에 없습니다).

요한은 그의 친구이자 한때 그에게서 영적 지도를 받았던 아빌라의 테레사처럼, 그리스도께서 서 계신 자리는 성육신의 자리라고 믿었습니다. 성육신은 하나님께서 저 멀리 안전하게 계시는 신으로서의 기득권을 내려놓고 우리처럼 고통받고 죽는, 육신을 입은 존재가 되어 피와 살이 있는 이 세상 한복판에 온전히 임하신 사건입니다. 테레사가 말한 신비 체험에 관한 논의 대부분은 결국 하나님 앞에 선 인간으로서 '지금 여기'라는 현실에 새롭게 뿌리내려야 한다는 결론에 이릅니다. 거대한 감정의 소용돌이와 환상, 내면에 울려 퍼진 음성은 모두 그녀를 뒤흔들고 아무런 권리도 주장할 수 없는 빈손으로 만들어 현재로 돌아오게 합니다. 성자 하나님의 성육신으로 완성된 환대의 사랑이 구체적인 인간의 삶으로 드러나는 바로 그 자리로 말입니다.

요한과 테레사는 이 빈손이 되는 과정을 각자 다른 방식으로 겪었습니다. 요한은 은총이 신자의 몸에 극적이고 눈에 띄는 방식으로 개입한다는 생각을 늘 경계했지만, 테레사는 기이하고 초자연적인 현상에 마음을 빼앗기곤 했지요(물론 긴 여정 끝에 그 마음은 정제되었습니다). 하지만 자기 여정을 빚어내는 결정적인 틀로 그리스도를 바라보았다는 점에서는 같은 마음이었습니다. 요한에게 그 여정은 '영의 어두운 밤'으로 들어가 통과하는 과정입니다. 이 과정을 통해 우리가 자신을 규정하기 위해 의지했던 모든 체계와 외부 기준점들은 남김없이 벗겨집니다. 그래야만 우리는 비로소 그리스도가 서 계신 곳에 이를 수 있습니다. 그곳에서 그분은 우리에게 더없이 친밀한 분이 되시면서 동시에 당신이 성부 하나님과 사랑 안에서 뗄려야 뗄 수 없이 하나이면서도 엄연히 구별되는 존재로서 맺으시는 신비로운 관계를 우리와 함께 나누십니다. 테레사에게 이 여정은, 몸과 마음으로 밀려드는 하나님의 집요한 사랑이 일으키는 현기증 나는 격변입니다. 이 격변은 우리가 삶을 주관하고 있다는 확신을 흔들고, 우리를 말씀의 움직임, 성부에서 나와 세상의 심장부로 (사실은 성부께서 아들이 돌아오기를 기다리시는 바로 그곳으로) 나아가는 움직임과 하나되게 합니다. 스페인의 이 두 가르멜 성인들은 성육신하신 그리스도와 일치하는 삶을 두고 전례 없이 일관된 해석을 내놓았습니다. 오늘날 종교 체험의 예외적인 현상을 연구하는 이들이 두 사람(특히 아빌라의 테레사)을 흥밋거리로 삼는 현실은 참으로 안타깝습니다. 마치 그들이 선택받은 소수에게 일어나는 기이한 일에 관심을 기울였던 것처럼 오해하고 있으니 말이지요. 그들이 스스로 생각했던 자신의 모습은 세례받은 그리스도인으로서 진지하게 산다는 것이 무엇인지, 그 질문을 치열하게 붙든 사람에 가까웠습니다. 물론 개인의 변화와 성장을 기록하는 전기에 관심이 커지던 시대 사람들이었기에, 그들이 앞선 신앙인들보다 자아의 구체적인 면면에 훨씬 더 집중했던 것은 사실입니다(특히 테레사가 그랬지요). 하지만 그들이 품었던 의제가 중세나 교부 시대 신앙인들과 본질에서 다르다고 여겨서는 안 됩니다. 그들의 목표는 언제나 하나였습니다.

　이 짧은 서론 성격의 글이 그리스도교 고전 영성 문헌 전체를 아우른다고 자신할 수는 없습니다. 다만 문헌들을 읽을 때 길잡이가 될 만한 틀, 한 번쯤 던져봄직한 질문 목록을 제공할 수 있기를 바랍니다. 이번 장 첫머리에서 밝혔듯, 19세기 이전 그리스도교 저술을 읽으면서 '이 저술가는 자신의 어떤 체험을 전하려는 것일까?'라는 질문을 최우선으로 삼는다면 그 저술은 실망만 안길 것입니다. 우리는 '신비 체험'의 기록을 너무 많이 찾으려는 나머지, 정작 본문의 가장 고유한 면을 놓치곤 합니다. 종교인이라면 으레 겪었을 것이라고 생각되는 체험들, 초월자와의 만남이나 황홀경을 암시하는 구절에 매달리느라 정작 본문이 제공하는 넓은 상상력의 영토,

175

곧 우리 자신이 새롭게 규정하게 되는 (이를 '회심'이라고 해도 좋습니다) 공간을 간과해 버립니다. 따라서 이 분야의 고전 문헌을 제대로 읽으려면, 논증의 전체 흐름과 세부 심상들을 꼼꼼히 살펴야 합니다. 그리고 질문해야 합니다. '저자는 내가 무엇을 보기를 원하는가? 본문이 제시하는 예수 그리스도, 그분 안에서 이루어지는 하나님의 활동에 비추어 볼 때 나는 내 이야기를 어떻게 다시 쓰고 빚어내야 하는가? 본문은 어떤 길로 나를 초대하고 있는가?'

앞서 언급했듯 이 가운데 몇몇 길은 낯설 겁니다. 3세기 알렉산드리아에서 살아가던 수행자가 영원한 로고스를 묵상하며 무엇을 느꼈을지 감을 잡기란 결코 쉬운 일이 아닙니다. 차라리 니사의 그레고리우스가 말한 '인간으로서 품게 되는 연민을 따르는 일', '그리스도께서 하나님이심을 내려놓고 자기 자신을 비우신 일'이 우리에게는 더 쉽게 다가올지 모르겠습니다. 현대인이 이해하는 '그리스도를 닮음'에 더 가까워 보이니 말이지요.

하지만 근본 문제는 같습니다. 인간이면서 동시에 만물의 신성한 원천이신 그리스도를 향해, 그리고 영원히 활동하시는 그를 믿는다면, 그분께서 계신 곳에 우리가 있다는 말이 무슨 의미인지를 설명하는 데 하나의 범주로는 결코 충분하지 않습니다. 그리스도와 함께 있다는 것을 그분의 부재나 타자성 가운데 함께 있는 것으로 이해하게 된 복잡한 과정은 차치하더라도, 애초에 그리스도의 자리를 손에 잡히는 하나의 심상과 관념으로 정의하기란 불가능했을 테니까요.

그리스도교 저술가들은 자신이 물려받은 신학과 이야기의 유산이 쏟아 내는, 놀라울 정도로 다채로운 그리스도의 심상들 때문에 자신들이 가지고 있던 잘못된 범주들을 끊임없이 재구성해야만 했습니다. 예수에 대한 심상이 이토록 다양하다는 사실을 두고 진리가 상대적이라거나 무엇이든 좋다는 식으로 생각하지 않았습니다. 오히려 당혹스러울 정도로 다양한 모습들을 모두 품으려면 아주 넉넉한 신학의 틀, 곧 하나님과 인간을 아우르는 담론만큼이나 넓고 큰 틀이 필요하다고 결론 내렸지요. 앞서 충분히 이야기했지만, 다시 강조할 만한 가치가 있습니다. 고전 신학의 언어가 그토록 팽팽한 긴장을 유지하는 이유는, 상당 부분 하나님과 인간을 새롭게 정의해야만 했기 때문입니다. 그리고 그 새로운 정의는 예배와 선교라는 공동체의 경험을 통해 집요하게 그리스도교 언어 속으로 파고 들어왔습니다.

그리스도께서 서 계신 곳에 서기

초기 그리스도교 저술들에 관하여

예수에게 속한 사람들, 예배하는 공동체라는 공동의 삶을 통해 예수
의 생명을 공유하는 사람들은 국가나 정치로 돌아가는 삶이 우연히
부여해 준 정체성을 뛰어넘는 충성심을 지니고 연대합니다. 그들의
충성심이 요구하는 첫 번째 과제는 바로 예수의 삶, 곧 하나님의 생명
을 살아 내는 것이었습니다.

초기 그리스도교 3세기 동안 살아남은 문헌들은 대부분 (20세기 어느 종교학자의 말을 빌리면) 사형수의 철학이라 할 만합니다. 그들은 자신이 하는 말과 생각이 죽느냐 사느냐를 가르는 절박한 상황에서 사유를 빚어냈습니다. 80여 년 전 초기 교회의 예배를 연구했던 성공회 수도사 그레고리 딕스Gregory Dix는 1945년에 출간한 걸작 『전례의 모습』Shape of the Liturgy에서 매우 생생한 장면을 하나 남겼습니다. 그는 2세기 로마에서 열린 성찬식이 어떠했을지를 20세기 런던의 풍경에 빗대어 눈앞에 그려냈지요. 딕스는 신약성경 밖에서 발견된 가장 오래된 예배 기록인 이른바 『열두 사도의 가르침(디다케)』 Didache이나 2세기 『사도 전승』Apostolic Tradition이 묘사하는 예배 장면을 현대 영국의 풍경으로 옮겨옵니다. 변두리에 사는 식료품 장수가 새벽 동틀 무렵 부촌인 켄싱턴에 있는 부유한 형제의 저택 뒷문으로 슬며시 들어갑니다. 거실에서 빵을 떼기 위해서지요. 짧고 조용하게 치러지는 이 모임에는 들키면 최소 무기징역, 어쩌면 더 끔찍한 일을 당할 수도 있다는 공포가 짙게 깔려 있습니다. 이 시기를 살던 그리스도인들은 당장은 별다른 문제가 없어 보이더라도 의심 많은 정부가 언제든 집에 들이닥칠지 모른다는 사실을 뼈저리게 알고 있었습니다. 그래서 문을 지키는 사람인 '부제'deacon는 저택에 들어

초기 그리스도교 저술들에 관하여

오는 사람들을 꼼꼼히 살펴야만 했습니다. 함께 있는 사람이 동료인지 아닌지를 아는 일은 목숨이 달린 문제였습니다.

당국의 그러한 의심에는 나름의 근거가 있었습니다. 초기 수 세기 동안의 순교자들을 목격한 생생한 기록, 이를테면 180년 북아프리카 스킬라Scilla의 순교자 기록 같은 문헌을 보면, 진짜 문제가 무엇이었는지 알 수 있습니다. 대부분 집안의 노예였던 그리스도인들은 치안 판사에게 해명했습니다. 제국을 위해 기꺼이 기도하고 세금도 내겠지만, 절대적인 충성이나 종교적 숭배는 할 수 없다고 말입니다. 그들에게는 다른 충성의 대상이 있었습니다. 이는 그들이 정권을 뒤집으려 한다는 뜻이 아니라 특정 사안에 대해서는 국가의 요구를 따르지 않겠다는 뜻이었습니다. 그들은 황제를 신처럼 숭배하지 않았습니다. 그리고 다른 문헌들이 전하듯 로마 군대에서 복무하지도 않았습니다. 그들은 유대인들이 민족 집단이라는 이유로 마지못해 제국이 허락했던 권리, 곧 종교 의무를 면제받을 권리를 국가에 요구했습니다. 이 요구는 당국자들에게 충격으로 다가갔습니다. 혈연이나 민족이 아니라 오직 신념이나 양심에 근거해 요구했기 때문이지요. 인류 역사상 처음으로 개인이 국가가 자신의 신념을 짓밟을 권리가 없다고 선언한 것입니다. 그들은 자신의 정치적 충성에 선을 긋

고 국가의 요구가 영적이고 윤리적인 기준에 맞는지 따져볼
자유를 주장했습니다.

이러한 면에서 로마 당국이 초기 그리스도 운동을 위협
으로 느꼈을 뿐 아니라 더 근본적으로 지극히 당혹스러워했
던 건 당연한 일이었습니다. 그리스도인들은 정권을 뒤집어
엎는 의미에서 혁명 분자들이 아니었습니다. 하지만 어떤 면
에서 그들은 더 심각한 도전을 던졌습니다. 모든 정부에게 책
임을 묻고, 그 정부가 올바른지 따져본 뒤에 결과에 따라 따
를지 말지를 결정하겠다고 주장했으니 말입니다. 하지만 이
대목에서 우리가 흔히 빠지기 쉬운 유혹이 있습니다. 우리는
이를 오늘날 개인의 양심이라는 차원으로 생각해서는 안 됩
니다. 이는 공동체의 권리에 관한 문제였습니다. 그리스도 공
동체는 제국보다 더 높은 권위를 자신들이 받았다고 믿었고,
이 믿음에 비추어 영적 진실성의 잣대를 세우면서 그 기준에
따라 구성원들을 빚어내려 했습니다.

문제의 핵심은 초기 그리스도인들이 나사렛 예수를 '주'
로 믿었다는 데 있습니다. 예수가 주라면 그 누구도 그 위에
군림할 수 없고, 누구도 그 권위를 무효로 돌릴 수 없습니다.
오늘날 우리는 '주'라는 말을 별다른 생각 없이, 그저 신앙생
활 속의 수사로 쓰곤 합니다. 하지만 로마에서 이 단어는 집

초기 그리스도교 저술들에 관하여

안의 주인이든 황제든, 내가 따라야만 하는 결정을 내리는 사람을 뜻했습니다. 예수를 '모든 왕의 왕, 모든 주인의 주'라고 부르는 것은, 그의 결정(그의 정책이라고도 할 수 있습니다)을 누구도 뒤집을 수 없다는 선언이었습니다. 만물의 유일하고 참된 주인이신 분께 순종하기 위해서는 세상의 주인들에게 순종하지 않을 수도 있습니다. 참된 주인이신 그분이 폭력을 쓰지 않고 결정을 집행하시기에 역설적으로 그분은 더욱 반박할 수 없는 절대적인 권위를 지니십니다. 외부의 위협이나 경쟁자를 넘어서기 위해 지원군이나 무력을 필요로 하지 않으시는 분은 오직 그분뿐입니다. 이러한 맥락에서 초기 그리스도교는 깊은 차원에서 정치 공동체였습니다. 국가는 통상적인 사회생활을 할 때는 존중하고 따라야 할 대상이지만, 궁극적인 권위를 지닌 곳은 아닌 잠정적 실재provisional reality라고 말하며 매우 구체적인 도전을 던졌으니 말입니다.

한편, 이 운동은 자신들의 주장에 담긴 지적 함의에도 관심을 기울였습니다. 예수가 주님이고 하나님께서는 자신의 권위를 지키기 위해 무력을 필요로 하지 않으시는 분이라면 놀라운 결론을 끌어낼 수 있습니다. 바로 예수의 정치가 곧 하나님의 정치이며, 예수는 하나님의 지혜와 자기-충족성self-sufficiency을 아무런 조건 없이 공유한다는 것입니다. 달리 말하면, 예수는 자신이 누구인지 드러내는 데 하나님 외에 다른 어떤 것에도 의지하지 않습니다. 바로 이 때문에 2세기 초에 순교한 안티오키아의 주교 이그나티우스는 이미 예수를 하나님이라고 불렀습니다. 예수에게는 경쟁자들을 막아낼 방어 수단이 필요하지 않았기에 자신이 짓밟히거나 파괴될 것을 두려워하지 않고 스스로 인간의 고통이라는 짐을 짊어질 자유가 있었습니다. 그 끔찍한 고통 앞에서도 자유로웠던 그분 때문에, 그분 안에서 그분을 믿는 이들 역시 동일한 결의와 침착함으로 자신의 고통을 마주할 수 있게 되었다고 이그나티우스는 믿었습니다. 그레고리 딕스가 초기 예배의 풍경을 다루면서 생생하게 되살린, 끔찍한 위험과 맞서야 했던 신자들에게 이그나티우스가 이야기한 '나의 하나님의 수난'은 일종의 선물이었습니다.

따라서 초기 그리스도교 신학은 정치 권력에 대한 하나의 거대하고도 중요한 확신에서 흘러나왔습니다.

❖ 예수가 주님이시라면, 궁극적으로 다른 누구도 우리의 주인이 될 수 없다.

그러므로 예수께 속한 사람들, 예배하는 공동체라는 공

동의 삶을 통해 예수의 생명을 공유하는 사람들은, 국가나 정치로 돌아가는 삶이 우연히 부여해 준 정체성을 뛰어넘는 충성심을 지니고 연대합니다. 그들의 충성심이 요구하는 첫 번째 과제는 바로 예수의 삶, 곧 하나님의 생명을 살아 내는 것이었습니다. 이 생명은 자신을 방어할 필요가 없기에 폭력이나 강압이 필요하지 않으며, 이 생명을 따르는 이들 역시 그러한 삶을 살아야 했습니다. 2세기 말 알렉산드리아의 클레멘스는 하나님께서는 본성상 그분과 아무런 관계가 없는 사람들을 사랑한다는 점이 그분의 사랑의 절정을 보여준다고 말한 바 있습니다. 인간은 주로 동질감 때문에 사랑하지만, 하나님께서는 당신과 무언가 공통점이 있어야만 사랑하시지 않습니다. 그분의 사랑은 그런 식으로 작동하지 않습니다. 어떤 의미에서 창조주는 피조물과 공통점이 없습니다(어떻게 그럴 수 있겠습니까). 하지만 하나님께서는 당신의 본질인 사랑을 당신이 원하시는 곳 어디서나 온전히 자유롭게 펼치십니다. 이는 우리도 공통의 이익이나 자연스러운 호감을 넘어서는 사랑을 익혀야 하며, 하나님처럼 우리와 아무런 공통점이 없어 보이는 이들까지도 사랑해야 한다는 사실을 가르쳐 줍니다.

여기서 초기 그리스도교 사상의 역설이 등장합니다. 그

리스도교는 강도 높은, 서로 깊이 영향을 주고받으며 훈련된 공동체 생활에 뿌리내리고 있는 동시에 모든 이를 향한 연민과 보편적인 공감을 고집합니다. 초기 교회의 신학은 서로 사랑하고 아낌없이 섬기는 실제의 삶에서 벗어난 기이한 곁가지가 아니었습니다. 하나님의 영원성과 불변성, 예수가 하나님의 생명에 온전히 참여한다는 교리, 마침내 그리스도인들이 거룩한 삼위일체라고 부르게 된 교리는 모두 예수가 진실로 최고의 권위자이며 그분이 하나님과 동일하게 누구도 가리지 않고 자유롭게 사랑하신다는 고백에 담긴 의미를 깊이 파고든 결과이고 성찰의 산물이었습니다. 초기 그리스도인들에게 예수는 성부, 성자, 성령 사이에 흐르는 영원한 사랑이 이 땅에 드러난 얼굴이었습니다.

초기 신학자들은 종종 그리스도인은 하나님의 생명, 또는 신성을 공유한다고 기록했습니다(현대 신자들에게는 충격적으로 들릴 수도 있는 말이지요). 하지만 그 뜻은 단순합니다. 그리스도의 몸 안에, 곧 세례받은 신자들의 공동체 안에 있다는 것은, 성령의 선물에 힘입어 예수께서 아버지를 사랑하셨듯 우리도 하나님 아버지를 사랑할 자유를 얻는다는 뜻입니다. 나아가 하나님처럼 어떤 재단도 하지 않는 너그러우심으로 우리에게 익숙한 사람들, 우리와 닮은 사람들뿐만 아니라 온 세상을 사랑할 자유를 얻는다는 뜻입니다.

　이 시기에 기도의 삶을 다룬 저술가들, 그중에서도 3세기 전반에 가르치고 글을 썼던 위대한 신학자 알렉산드리아의 오리게네스는 그리스도인의 정체성을 자유와 연결했습니다. 앞에서도 말했던 하나님을 아버지라 부르고 예수를 주님이라 부를 수 있는 자유 말이지요. 그리고 그에게 이 자유는 그가 정념이라고 부른 것으로부터의 자유이기도 했습니다. 이는 그리스도인이 감정도 없는 목석이 되어야 한다는 뜻이 아닙니다. 사람과 사물로 대할 때 일종의 본능에 따라 반응함으로써 우리의 태도를 지배해 버리는 '생각 없는 감정들'unthinking feelings에서 자유로워져야 한다는 뜻입니다. 세상에 대한 우리의 반응은 새로워진 정신과 마음에 뿌리를 두어야 하며, 피상적인 차이를 꿰뚫어 모든 사람과 사물에 임하고 계신 하나님, 그리고 그분의 목적을 알아보아야 한다고 오리게네스는 말했습니다.

　안티오키아의 이그나티우스, 알렉산드리아의 클레멘스, 그리고 오리게네스까지, 이 거장들에게 우리가 서로를 어떻게 대해야 하느냐는 문제는 피할 수 없는 실천의 과제였습니다. 용서와 존중, 가난과 고통에 반응할 필요성, 국가의 제도, 특히 군대에서 떠나는 일과 같은 사안들이 여기에 들어갔지요.

이 모든 것이 어떤 규칙으로 명문화되지는 않았습니다. 하지만 교회는 신자들이 새로운 권위 아래 산다는 단순한 출발점에서 어떤 분명한 결론을 스스로 끌어낼 수 있으리라고 기대했습니다. 물론 당시에도 직업 군인인 그리스도인들이 있었습니다. 하지만 신자 공동체 전반은 그리스도인이 무기를 든다는 생각을 결코 달가워하지 않았습니다. 오리게네스는 그런 생각과 타협할 수 없었던 수많은 이들 중 하나였습니다. 심지어 그리스도교인인 황제가 등장해 그리스도교인이 아니었던 이들과 점점 비슷해져 가던 4세기의 급격한 변화 가운데서도, 우리는 투르의 마르티누스Martin of Tours 같은 인물을 만납니다. 회심한 뒤 그는 군인으로 계속 복무할 수 없음을 깨달았습니다.

5세기 초, 압도적인 권위를 지녔던 히포의 아우구스티누스도 마찬가지입니다. 그는 최초로 '정당한 전쟁'의 조건을 제시한 사람으로 널리 알려져 있지만, 그조차 약자를 보호하기 위한 방어 전쟁에 그리스도인이 참여할 수는 있어도 이른바 복음을 수호하기 위해 전쟁을 벌여야 한다고 생각할 근거는 어디에도 없다고 분명하게 말했습니다. 전쟁은 어디까지나 최후의 수단이었습니다. 아우구스티누스가 통렬하게 비판했던 제국의 군사 관련 신화를 정당화하기 위해 후대 사람

초기 그리스도교 저술들에 관하여

들은 아우구스티누스를 아군으로 삼으려다 그의 사상의 이런 측면을 지나쳐 버렸습니다. 너무나 안타까운 일입니다.

분명, 5세기에 이르러 교회의 모습은 달라졌습니다. 4세기 초 합법화된 이후 교회는 점점 더 국가 권력에 깊이 얽혀들었습니다. 사람들은 점차 교회를 황제에게 정당성을 부여하는 곳으로 여겼습니다. 이를 옹호했던 사람들이 권력과 영향력에 최면이 걸린 사악한 사람들은 아니었습니다(물론 유혹을 받은 이들도 있었겠지요). 그들은 섭리의 하나님께서 마침내 잔혹한 박해를 끝내시고 그리스도를 믿는 황제라는 동맹군을 보내주셨다고 생각했습니다. 아우구스티누스는 이러한 생각에 강력히 반대했지만, 그의 견해를 따른 사람은 많지 않았습니다. 대다수 사람들은 하나님께서 국가 권력을 돌이켜서 인간 역사를 더 완성에 가깝게 이끄신다고 믿었습니다. 그렇게 보기가 당시에는 훨씬 쉬웠겠지요.

이런 일이 일어나고 있을 때 몇몇 진지한 그리스도인들은 도시와 마을을 떠나 이집트와 시리아의 사막으로 들어가 수도자가 되기 시작했습니다. 그들은 예루살렘에서 살았던 초기 그리스도인들의 삶, 곧 소유를 나누고 단순하게 사는 삶을 재건하고 싶어했습니다. 수 세기 동안 사람들은 수도자의 삶을 사도의 삶이라고 불렀습니다. 그리고 이러한 삶을 살았던 이들은 본래 성직자가 아니라 신자들이었습니다. 수도자가 된 이들은 국가의 위계질서뿐만 아니라 교회의 위계질서에서도 벗어나고 싶어했으니까요. 이 환경에서 피어난 설교와 이야기에는 초기 그리스도교 문헌에서 발견되는 선과 똑같은 굵은 선이 그려져 있습니다. 사막 수도자들 역시 그리스도인의 공동생활은 주님의 삶과 동일한 특징을 드러내야 한다고 이야기했습니다. 무조건적인 연민과 자비, 너그러움과 단순함을 지니고 자기방어적인 태도를 버리면서 남과 비교하기를 거부해야 한다고 말했지요.

물론 초기 그리스도인들이 당연하게 여겼던 전제들이 우리와 똑같지는 않습니다. 이를테면, 그들은 가정보다 독신 생활을 훨씬 더 높게 평가했습니다(가정을 아름다운 것으로 옹호한 이들도 있었지만 말이지요). 하지만 여기서 강조하려는 것은 당시 그리스도인들은 자신들의 충성심이 어디를 향해야 하는지 분명하게 드러내기 위해서는 어떻게 살아가야 하느냐는 문제에 커다란 관심을 기울였다는 사실입니다. 그들은 무언가를 성취해야 할 필요나 갈등에서 완전히 자유로우신 하나님의 영원한 생명을 증언하는 최선의 길이 무엇인지 고심했습니다. 공동체 안에서 새로운 삶의 방식을 경험하자 신학적 질문이 터져 나왔고, 그에 대한 신학적 해명은 다시 공

초기 그리스도교 저술들에 관하여

동체가 무엇을 우선해야 하고 무엇을 반드시 지켜야 하는지를 더 깊고 단단하게 다져주었습니다. 예수의 사랑을 살아내야 한다는 압박감이 신자들을 움직였습니다. 도대체 그 사랑이 하나님의 마음 어디에서 솟아나는지 더 치열하게 고민하게 만들었지요. 이러한 하나님의 본성에 대한 사유를 통해 그들은 예수로 인해 가능해진 그 사랑이야말로 이 우주(그리고 그 너머)에서 가장 실재하는 사랑이며, 가장 권위 있는 것임을 분명히 깨달았습니다. 4세기 그리스도의 신성한 존엄을 가장 뜨겁게 옹호했던 알렉산드리아의 주교 아타나시우스Athanasius가, 필요할 때는 황제의 권위에 용감하게 맞선 인물이었다는 사실은 결코 우연이 아닙니다.

이러한 맥락에서 초기 교회에서 오늘날까지 이어지고 있는 유산은, 교리와 기도, 윤리가 깔끔하게 분리된 채 존재하지 않는다는 깨달음입니다. 이 셋은 서로를 빚어갑니다. 어느 시대의 교회든 공동체의 우선순위가 불분명해질 때 교리도 흐릿해지는 현상이 일어나곤 했습니다. 마찬가지로 하나님의 참되고 영원한 성품에 대해 명료하게 생각하기를 멈출 때 섬김과 용서, 평화를 향한 교회의 열정은 식어버렸습니다. 물론 초기 그리스도교 신학자들과 그리스도인들을 무비판적으로 받아들일 필요는 없습니다. 하지만 그들이 우리에게 건

네는 이야기는 분명합니다. 그리스도인의 정체성은 언제나 인간 사회가 제공하는 그 어떤 것보다 더 깊고 보편적인 시민권citizenship을 주장하는 일과 엮여 있다는 것입니다. 그리스도인은 언제나 주류 사회와 일정 부분 각을 세우고 살아갈 수밖에 없습니다. 얄팍한 도덕적 우월감을 드러내기 위해서가 아닙니다. 어떤 저술가들이 표현했듯, 다만 다른 북소리에 맞춰 행진하기를 고집하기 때문입니다. 이러한 태도는 나사렛 예수의 삶과 죽음이 그 무엇도 넘어설 수 없는 최종적인 권위를 지님을 인정하는 데서 나옵니다. 그분이야말로 우주에서 무엇이 실재이고 진실인지 우리에게 말해줄 권위와 자유를 지닌 유일한 분이기 때문입니다. 교회가 국가나 사회와 물리적인 대결에 돌입해야 한다거나, 패권을 놓고 다퉈야 한다는 뜻이 아닙니다. 그러한 생각이야말로 우리가 저지를 수 있는 가장 큰 실수입니다. 우리가 믿는 그리스도가 참으로 그런 분이라면 싸울 필요는 전혀 없습니다. 그 무엇도 그분의 실재와 진실함을 퇴색시킬 수는 없으니 말입니다. 싸워야 한다면 그 대상은 그리스도를 제쳐두고 다른 권위에 복종하려는 우리 자신의 욕구뿐입니다. 초기 교회에서 이는 말 그대로 사느냐 죽느냐의 문제였습니다. 오늘날에도 세계 일부 지역에 있는 그리스도인들이 같은 문제를 겪고 있습니다. 우리 대부분

초기 그리스도교 저술들에 관하여

이 치러야 할 대가는 그보다 덜 극적일지 몰라도 도전은 여전합니다.

우리의 신앙은 여전히 '사형수의 철학'입니다. '생명'을 승리나 번영 또는 다른 이를 희생시켜 얻는 안전과 혼동하는 세상에서는 더욱 그러합니다. 우리는 생명이 정말로 무엇인지 잘 알고 있습니다. 생명이 꽃피기 위해 무엇을 내려놓아야 하는지, 관습이나 종교상 당연시하는 것들 너머로 발을 내디딜 용기를 낸 이들에게 어떤 놀라운 선물이 열리는지를 말입니다. 지금 당장 순교의 위협을 받지는 않더라도 이러한 내적 투쟁이 힘들다면(실제로 힘듭니다), 우리에게는 급진적인 명령을 살아내려는 신앙 공동체가 필요합니다. 옛 방식 그대로 수도원의 규율을 따르는 공동체든, 평화와 비폭력을 훈련하는 새로운 공동체든 고립된 채 마음속 신앙심에만 의존해서는 이 일을 결코 해낼 수 없습니다. 우리에게는 주님의 만찬으로 양분을 얻는 그리스도의 몸인 공동체라는 구체적인 실재가 필요합니다.

초기 수 세기 동안 그리스도인들이 보여준 사유(그들의 편지와 설교, 예배 형식, 때로는 교리를 둘러싼 논쟁까지)는 하나님에 대해 말하는 것과 하나님께 순종하며 사는 것이 얼마나 긴밀하게 얽혀 있는지 보여줍니다. 그들에게 신학은 사치품이

영혼의 참된 자유

나 학문 놀음이 아니었습니다. 자신들의 삶이 무엇을 의미하는지 더 명확하게 보는 방식이었습니다. 정신과 의지, 그리고 마음이 하나 되어 함께 탐구해 나가는 통합된 감각이야말로 우리가 저 위대한 인물들에게서 배워야 할 부분입니다. 그들은 종종 엄청난 위험을 무릅쓰면서도 그리스도께서 자신들에게 무엇을 요구하시는지 기쁨으로 발견했고, 이에 응답하여 자신들이 무엇을 해낼 수 있는지를 놀라움 속에 발견했습니다. 열의와 열정을 가지고 그들이 남긴 글을 다시 읽어야 할 이유가 바로 여기에 있습니다.

저자 노트

6, 7장의 글들은 다음 두 출판물에서 가져와 약간의 수정을 거친 것입니다. 하나는 랄프 월러Ralph Waller와 베네딕타 워드 Benedicta Ward가 엮은 『그리스도교 영성 입문』*Introduction to Christian Spirituality* (London: SPCK, 1999)에 실린 「그리스도교 영성이란 무엇인가?」*What is Christian Spirituality?*이며, 다른 하나는 『두 가지 길: 디다케와 헤르마스의 목자에 나타난 초기 그리스도교의 제자도』*Two Ways: The Early Christian Vision of Discipleship from the Didache and the Shepherd of Hermas* (Walden, NY and Robertsbridge UK: Plough Publications, 2018)의 서문입니다.

영혼의 참된 자유

부록: 주요 인물 해설

❖ **안티오키아의 이그나티우스** Ignatius of Antioch, 35년경-108년경

안티오키아의 이그나티우스는 안티오키아의 제3대 주교를 지낸 사도 교부의 대표적 인물이다. 전승에 따르면, 그가 바로 예수께서 어린아이를 세워 제자들을 가르치실 때 안으셨던 그 아이였다고 전해지며, 평생 '테오포로스'(하나님을 품은 자)라는 별칭으로 불렸다. 트라야누스 황제의 박해 때 체포되어 로마로 압송되는 과정에서, 죽음의 공포에 굴복하기는커녕 소아시아의 여러 교회와 동료 주교 폴리카르푸스에게 보내는 일곱 통의 편지를 써서 초기 그리스도교의 신앙과 직제를 확립했다. 로마의 원형 경기장에서 맹수들에게 찢겨 순교함으로써 자신의 신앙을 피로 증명했다.

가현설에 맞서 그리스도가 육체로 오셨음과 십자가의 고난이 실제였음을 강력하게 변증했으며, 교회의 일치를 위해 '단일 주교제'를 최초로 주창했고, "주교가 있는 곳에 교회가 있다"는 명제를 통해 '가톨릭'이라는 단어를 문헌상 처음으로 사용하여 공교회의 기틀을 다졌다.

197

주요 저술로는 로마로 압송되던 길에 쓴 『일곱 편지』 *Epistulae*(분도출판사)가 있다. 이 편지들은 에페소, 마그네시아, 트랄레스, 로마, 필라델피아, 스미르나 교회와 폴리카르푸스에게 보낸 것으로, 초기 교회의 신앙과 직제, 그리고 순교 영성을 이해하는 데 없어서는 안 될 귀중한 사료로 평가받는다.

✦ 스미르나의 폴리카르푸스 Polycarpus of Smyrna, 69년경-155

스미르나의 폴리카르푸스는 사도 시대와 그 이후의 교회를 잇는 살아있는 가교를 한 인물로, 안티오키아의 이그나티우스와 더불어 가장 중요한 '사도 교부'로 꼽힌다. 젊은 시절 사도들에게 직접 가르침을 들었던 그는, 2세기 중반까지 생존하며 초기 교회가 영지주의나 마르키온주의 같은 이단의 파도에 휩쓸리지 않고 사도의 정통성을 지킬 수 있도록 붙들어준 든든한 버팀목이었다. 로마 주교 아니케투스와의 회담을 통해 초기 교회의 중요한 논쟁 중 하나인 '부활절 날짜 문제'를 다루기도 했다. 비록 서로의 관습(소아시아는 유월절 당일, 로마는 유월절 다음 주일)을 바꾸지는 못했으나, 성만찬을 함께 나누며 "다름 속의 일치"라는 평화로운 선례를 남겼다. 그러나 그의 삶을 완성한 것은 무엇보다도 그의 죽음이었다. 86세의 고령에 체포된 폴리카르푸스는 로마 총독에게 황제

영혼의 참된 자유

에게 맹세하고 그리스도를 욕하면 살려주겠다는 회유를 받았으나, "86년 동안 나는 그분을 섬겨왔고 그분은 한 번도 나를 부당하게 대하지 않으셨소. 그런데 내가 어떻게 나를 구원하신 나의 왕을 모독할 수 있겠소?"라고 답하며 화형대로 걸어갔다. 불길이 그를 덮치지 않고 마치 돛처럼 감싸 안았다는 전승이 전해지며, 결국 칼에 찔려 순교했다. 이 장면을 기록한 『폴리카르푸스 순교록』*Martyrium Polycarpi*은 스데반의 순교 이후 가장 오래되고 상세한 순교 기록으로, 이후 그리스도교 순교 문학의 원형이 되었다. 그에게 순교는 단순한 희생이 아니라 그리스도의 수난에 참여하는 영광스러운 전례였다.

주요 저술로는, 빌립보 교회에 보낸 『빌립보인들에게 보낸 편지』*Epistula ad Philippenses*가 남아 있으며, 그의 죽음을 기록한 『폴리카르푸스 순교록』은 비록 그가 쓴 것은 아니지만 그의 영성을 이해하는 데 필수적인 문헌이다.

❖ 알렉산드리아의 클레멘스 Clement of Alexandria, 150년경-215

알렉산드리아의 클레멘스는 신학자이자 교부다. 본명은 티투스 플라비우스 클레멘스*Titus Flavius Clemens*. 아테네의 이교도 가정에서 태어난 것으로 추정되며 진리를 찾아 그리스, 이탈리아, 시리아, 팔레스타인 등 지중해 전역을 여행하며 당

부록: 주요 인물 해설

대의 지성들을 찾아다녔다. 이집트 알렉산드리아에서 스승 판타이누스Pantaenus를 만나 그리스도교에 입문하고 정착했다. 그는 판타이누스의 뒤를 이어 알렉산드리아 교리문답학교의 학장이 되어, 헬라 철학에 능통한 지식인들에게 그리스도교 복음을 변증하고 가르쳤다. 202년 셉티미우스 세베루스 황제의 박해가 시작되자 알렉산드리아를 떠나 카파도키아와 팔레스타인 등지로 피신했고 타지에서 생을 마감했다. 철학은 그리스도에게로 인도하는 가정교사라고 주장하며 신앙과 이성의 통합을 추구했다. 알렉산드리아 교리문답학교의 학장으로서 오리게네스와 같은 걸출한 제자를 길러냈으며, 그리스도교가 지성적인 종교로 발돋움하는 데 공헌했다는 평가를 받는다. 다소 사변적이고 오리게네스주의와 연관되었다는 이유로, 16세기 이후 로마 가톨릭 전례력의 성인 명단에서는 제외되었으나, 동방 정교회와 성공회 등에서는 여전히 존경받는 교부다.

주요 저술로 『양탄자』Stromata, 『교육자』Paedagogus, 『어떤 부자가 구원받는가?』Quis dives salvetur? (분도출판사) 등이 있다.

❖ 알렉산드리아의 오리게네스 Origen of Alexandria, 185년경-253

알렉산드리아의 오리게네스는 초기 그리스도교의 가장

위대한 신학자이자 주석가, 교사다. 이집트 알렉산드리아의 독실한 그리스도교 가정에서 태어나 불과 18세의 나이에 알렉산드리아 교리문답학교의 학장이 되어 수많은 개종자를 가르쳤다. 알렉산드리아 주교 데메트리우스와의 갈등으로 팔레스타인의 카이사레아로 이주하여 그곳에서 학문적 전성기를 보냈다. 250년 데키우스 황제의 박해 때 투옥되어 혹독한 고문을 당했고, 석방되었으나 고문 후유증으로 얼마 뒤 튀르에서 숨을 거두었다.

클레멘스의 뒤를 이어 알렉산드리아 교리문답학교를 이끌었으며, 신학을 하나의 거대한 학문 체계로 정립한 최초의 조직신학자로 평가받음과 동시에 구약성경의 히브리어 원문과 4가지 그리스어 번역본을 나란히 비교한 『헥사플라』 *Hexapla*를 편찬하여 본문 비평학의 시초가 되었다. 또한 그의 금욕주의와 우의적allegorical 성경 해석은 사막 교부들과 이후 수도원 운동에 커다란 영향을 미쳤다. 영혼 선재설과 보편 구원론 등의 독창적 사상으로 인해 사후 300년이 지난 제2차 콘스탄티노폴리스 공의회(553년)에서 이단으로 단죄받는 비운을 겪었으나, 동방 교부 신학의 실질적인 아버지로 평가받으며 서방 신학에도 상당한 영향을 미쳤다.

주요 저서로 『원리론』*De Principiis*(아카넷), 『켈수스 반박』

Contra Celsum(분도출판사), 『기도론』*De Oratione*(새물결플러스) 등이
있다.

❖ 알렉산드리아의 아타나시우스 Athanasius of Alexandria, 296년

경-373

알렉산드리아의 아타나시우스는 알렉산드리아의 총대
주교이자 신학자다. 20대의 젊은 부제로 325년 제1차 니케
아 공의회에 참석하여 아리우스 논쟁의 최전선에서 활약했
으며, 이후 알렉산드리아의 주교가 되어 평생을 박해와 도피
속에 살았다. 그는 황제의 군대가 교회를 포위하면 사막으로
도망쳐 은둔 수도자들과 함께 지냈는데, 이 경험은 그가 사막
의 영성을 제도 교회 안으로 도입하는 결정적인 계기가 되었
다. 성자는 피조물이라고 주장한 아리우스에 맞서, 예수 그리
스도가 성부와 '동일 본질'Homoousios임을 평생을 바쳐 변증했
으며, 로마 황제들과 대다수 주교가 정치적 타협을 위해 아리
우스주의로 기울었을 때조차 홀로 타협을 거부하며 진리를
고수했다. 이 때문에 그는 다섯 번이나 주교좌에서 쫓겨나 총
17년간 유배 생활을 해야 했지만, 끝내 굴복하지 않았기에
후대는 그를 "세상에 맞선 아타나시우스"라고 칭송했다 또한
367년 부활절 서신을 통해 오늘날 우리가 사용하는 신약성

경 27권의 목록을 확정하여 정경 형성에도 크게 공헌했다.

주요 저술로는 『말씀의 성육신에 관하여』*De Incarnatione Verbi*(죠이북스), 사막의 성인 안토니우스의 생애를 기록하여 서방 세계에 수도원 운동의 불을 지핀 『사막의 안토니우스』*Vita Antonii*(분도출판사), 『아리우스 반박』*Orationes contra Arians* 등이 있다.

✢ 투르의 마르티누스 Martinus of Tours, 316년경-397

투르의 마르티누스는 4세기 로마 제국의 군인이자 훗날 투르의 주교가 된 인물로, 중세 유럽에서 가장 사랑받은 성인 중 한 명이다. 피를 흘리며 죽는 '적색 순교'Red Martyrdom의 시대가 끝난 후, 일상의 금욕과 기도를 통해 자기를 부인하는 '백색 순교'White Martyrdom라는 모형을 서방 교회에 처음 제시한 인물로 평가받기도 한다.

판노니아에서 로마 장교의 아들로 태어나 파비아에서 성장하며 그리스도교를 접했다. 아버지의 뜻에 따라 군에 입대했으나, 아미앵 성문 앞에서 반라의 상태로 있는 거지에게 군용 망토를 잘라 덮어주는 '망토 사건' 이후 회심하여 "나는 그리스도의 군사이니 싸울 수 없다"고 선언하며 제대했다. 이후 푸아티에의 힐라리우스를 스승으로 모시고, 리귀제에 서방 최초의 수도원을 설립하여 은둔 수도 생활을 시작했다.

371년 투르 시민들의 계략(아픈 사람을 위해 기도해 달라고 속여 불러냄)으로 주교가 되었으나, 주교관의 안락함을 거부하고 투르 근교 마르무티에의 동굴과 오두막에서 수도자들과 함께 거주하며 '수도자 주교'의 전형을 보여주었다. 직접 책을 쓰지는 않았으나 그의 제자이자 전기 작가인 술피키우스 세베루스Sulpicius Severus가 『성 마르티누스의 생애』*Vita Sancti Martini*를 썼고, 이 책은 이후 오랫동안 서양 성인전Hagiography 문학의 교과서가 되었다.

❖ 니사의 그레고리우스 Gregory of Nyssa, 335년경-395

니사의 그레고리우스는 4세기 카파도키아의 주교이자 신학자다. 친형인 바실리우스, 친구인 나지안주스의 그레고리우스와 함께 '카파도키아의 세 교부'로 불린다. 소아시아 카파도키아의 독실한 그리스도교 명문가에서 태어났다. 젊은 시절에는 수사학 교사로 일하며 결혼도 했던 것으로 보이나, 누이 마크리나와 형 바실리우스의 영향으로 수도 생활에 투신했다. 372년 형 바실리우스의 강권에 의해 원치 않게 니사의 주교가 되었다. 행정 능력이나 정치 수완은 부족하여 아리우스파의 모함을 받고 유배를 가기도 했으나, 381년 제1차 콘스탄티노폴리스 공의회에서 삼위일체 신학을 완벽하게 방어하며 "교부들 중의 교부"라는 명성을 얻었다. 말년에는 공적인 활동을 줄이고 저술과 영성 지도에 전념했다.

위디오니시우스 등을 거쳐 중세 신비주의 전반에 큰 영향을 미쳤으며, 하나님의 무한성과 인간의 영원한 진보를 연결한 그의 통찰은 현대 신학자들에게도 깊은 영감을 주었다. 또한 오리게네스의 영향을 받아 조심스럽게 만유 회복 *Apokatastasis*의 가능성을 열어두었는데, 이는 오늘날 지옥과 구원론을 다룰 때 여전히 중요한 참조점이 된다.

주요 저술로 『모세의 생애』*De Vita Moysis*, 『영혼과 부활에 관한 대화』*Dialogus de anima et resurrectione*, 『에우노미우스 반박』*Contra Eunomium* 등이 있다.

❖ 폰투스의 에바그리우스 Evagrius of Pontus, 345년경-399

폰투스의 에바그리우스는 4세기 소아시아 폰투스 출신의 수도자이자 신학자다. 폰투스의 이보라에서 태어나 당대 최고의 신학자들인 '카파도키아의 교부들'과 깊은 인연을 맺었다. 콘스탄티노폴리스로 건너가 탁월한 설교가로 명성을 떨쳤으나, 고위 관료의 아내와 사랑에 빠질 뻔한 스캔들을 피해 예루살렘으로 도피했다. 그곳에서 멜라니아와 루피누스를 만나고, 중병을 앓은 뒤 회심하여 이집트 사막으로 들어가

대 마카리우스의 지도를 받으며 죽을 때까지 고행과 저술 활동에 매진했다. 사막 교부들의 거친 수행 체험에 오리게네스의 신학을 결합하여 수도자 신학의 기초를 놓은 이론가로 평가받는다. 세상을 떠난 뒤 553년 제2차 콘스탄티노폴리스 공의회에서 오리게네스주의 혐의로 단죄받는 비운을 겪었으나, 그의 가르침은 가명이나 제자들의 이름으로 살아남아 동서방 그리스도교 수도 전통의 뿌리가 되었다. 서방 쪽으로는 제자 요한 카시아누스를 통해 서방으로 전해져, 베네딕도 규칙서와 가톨릭 영성 전반에 지대한 영향을 미쳤으며 동방에서는 비록 공식적으로는 단죄받았으나『필로칼리아』의 주요 내용을 차지하며 헤시카즘 전통의 뼈대가 되었다. 20세기 들어 다른 사람의 이름으로 전해지던 것들이 에바그리우스의 것으로 밝혀지면서, 고대 영혼학과 영성의 대가로 화려하게 부활했다. 주요 저서로『프락티코스』*Praktikos*(분도출판사),『안티레티코스』*Antirrhētikos*(분도출판사) 등이 있다.

❖ 요한 카시아누스 John Cassian, 360년경-435

요한 카시아누스는 초기 그리스도교 수도자이자 신학자다. 스키티아 출신으로 베들레헴의 수도원에서 생활하다가 영성의 본류를 찾아 이집트 사막으로 떠났다. 그곳에서 약 15

년간 머물며 폰투스의 에바그리우스 등 사막 교부들의 가르침을 직접 전수받았다. 이후 콘스탄티노폴리스로 건너가 요한 크리소스토무스에게 부제 서품을 받고 그의 제자가 되었다. 크리소스토무스가 억울하게 유배되자 로마 교황에게 탄원하기 위해 로마로 파견되었고, 그곳에서 사제 서품을 받았다. 415년경 마르세유에 정착하여 생 빅토르 수도원을 설립하고 남녀 수도 공동체를 이끌며 서방 수도원의 기초를 놓았다. 이집트 사막 교부들의 지혜를 라틴어권인 프랑스 남부에 전파한, 일종의 가교 역할을 한 인물로 평가받는다. 베네딕도 이전에 서방 수도회의 기틀을 닦았으며, 에바그리우스의 사상을 서방 정서에 맞게 변용하여 전수했다. 베네딕도가 자신의 규칙서에서 제자들에게 카시아누스의 『담화집』과 『규정집』을 매일 읽으라고 명시할 정도로 서방 수도원의 일과, 복장, 식사 예절, 기도 방식 등은 대부분 카시아누스에게서 유래했다.

주요 저서로 『규정집』 *De Institutis Coenobiorum* 과 『담화집』 *Collationes Patrum* (분도출판사) 등이 있다.

❖ **은수자 마르쿠스** Mark the Ascetic, 5세기

은수자 마르쿠스는 5세기(430년경) 경 소아시아와 팔레스타인 지역에서 활동한 수도자이자 신학자다. 생애에 대한

기록은 단편적이다. 본래 소아시아의 앙카라 지역에서 수도원장을 지냈으나, 명성이 높아지자 40세 무렵 모든 직책을 버리고 팔레스타인의 유대 광야로 들어가 은둔 수자가 되었다. 초기 수도자들이 빠지기 쉬웠던 영적 교만, 즉 나의 고행과 노력으로 구원을 얻어낼 수 있다는 '공로주의'를 경계하고, 모든 것이 하나님의 전적인 은혜임을 역설한 인물로 평가받는다. 그의 사상은 『필로칼리아』 영성의 핵심 기둥 중 하나이며, 동방 교부로서는 드물게 종교개혁가 마르틴 루터에게 "초기 교회 저술가 중 복음을 가장 깊이 이해한 인물"이라는 찬사를 받기도 했다.

❖ 포티케의 디아도코스 Diadochos of Photike, 400년경-486

포티케의 디아도코스는 5세기 그리스 북부 포티케의 주교이자 신학자, 영성 저술가다. 구체적인 생애에 대한 기록은 많지 않으나, 451년 칼케돈 공의회에 참석하여 그리스도의 신성과 인성을 모두 옹호하는 정통 교리를 지지하고 서명한 기록이 남아 있으며 458년경 에피루스 지역의 주교들이 황제에게 보낸 서신에도 그의 이름이 등장한다. 말년에는 북아프리카를 침략한 반달족의 습격으로 포로가 되어 카르타고로 끌려갔으며, 그곳에서 생을 마감한 것으로 추정된다. 아이러니하지만, 이 포로 생활 덕분에 그의 사상은 서방 교회에 일찍 전파될 수 있었다. 초기 사막 교부들의 영성을 체계화하여 후대 비잔틴 신비 신학(헤시카즘)으로 연결한 결정적인 인물이며 폰투스의 에바그리우스의 '지성을 강조하는 신비주의'와 마카리우스의 '마음을 강조하는 신비주의'를 성공적으로 종합했다고 평가받는다. 그의 저서는 『필로칼리아』제1권 서문을 장식할 만큼 권위를 지닌다.

❖ 카르파토스의 요한 John the Carpathian, 7세기 활동 추정

카르파토스의 요한은 동방 정교회의 주교이자 영성 저술가다. 생몰년이 불분명하나 대략 7세기경 그리스 카르파토스 섬의 주교였던 것으로 추정된다. 구체적인 생애에 대한 기록은 거의 남아있지 않고 인도에 있는 수도자들을 수신인으로 한 편지들이 남아 있는데, 타지로 선교나 파견을 나가 영적 스승과 떨어져 고생하는 제자들에게 편지를 보내면서 낯선 환경에서의 외로움과 영적 투쟁을 이겨내도록 격려한 것으로 보인다. 고도의 수행을 요구하는 다른 교부들과 달리, 영적 침체와 유혹에 시달리는 평범한 수도자들의 고통을 깊이 이해하고 그들을 격려하는 데 집중했기 때문에 '낙담한 자들의 위로자'라고 불리기도 한다.

❖ 시나이의 헤시키오스 Hesychios of Sinai, 7-9세기

시나이 산 성 카타리나 수도원의 수도자이자 저술가. 오랫동안 5세기 학자 예루살렘의 헤시키오스와 동일 인물로 오해받았으나, 연구를 통해 7-9세기경 시나이 반도에서 활동한 다른 인물로 밝혀졌다. 구체적인 생애는 안개 속에 가려져 있지만, 그가 남긴 글을 통해 학자들은 시나이 산의 수도원에서 원장을 지냈을 것으로 추정한다. 고요한 사막에서 자신의 내면을 치열하게 응시했으며, 그 경험을 바탕으로 제자 테오둘로스Theodoulos에게 영적 조언을 남겼다. 그의 이름 '헤시키오스' 자체가 '고요함'Hesychia에서 유래했는데, 이름 그대로 평생 침묵과 내적 평화를 추구한 삶을 살았다. 복잡한 신학 이론 대신, 인간의 마음에서 일어나는 영적 전쟁을 세밀하게 관찰하고, 깨어 있음과 예수의 이름을 결합해 동방 정교회 기도 수행(헤시카즘)의 기초를 닦았다. "자나 깨나, 먹으나 마시나 예수의 이름을 부르라"는 그의 단순 명료한 가르침은 수도자를 넘어 평신도들도 일상에서 끊임없이 기도할 수 있는 길을 열어주었다고 평가받는다. 현대에 널리 알려진 『순례자의 길』The Way of a Pilgrim의 주인공이 실천했던 기도법이 바로 이 전통에 닿아 있다.

영혼의 참된 자유

❖ 클레르보의 베르나르두스 Bernard of Clairvaux, 1090-1153

클레르보의 베르나르두스는 프랑스의 수도자이자 영성가다. 베네딕도회의 엄격한 개혁을 주창하며 '시토회'Cistercians의 실질적인 설립자이자 확장자가 되었으며, 중세 신학의 흐름을 건조한 사변에서 뜨거운 '사랑의 체험'으로 돌려놓았다. 교부 시대가 끝난 지 한참 뒤인 12세기에 활동했음에도 그의 권위와 영적 깊이 때문에 마지막 교부라 불리기도 한다.

1090년 프랑스 부르고뉴의 귀족 가문에서 태어나 22세가 되던 1112년, 쇠락해가던 시토 수도원에 입회했다. 이후 '빛의 골짜기'라는 뜻의 클레르보에 수도원을 세우고 원장이 되었으며, 재임 기간 시토회는 유럽 전역으로 폭발적으로 확산되었다. 은둔 수도자였으나 교황의 선출 문제에 개입하여 교회의 분열을 막아내고, 아벨라르두스의 신학을 비판하는 등 사실상 대관식 없는 교황으로 12세기 유럽을 호령했다.

하나님을 아는 길은 차가운 논리가 아니라, 신랑이신 그리스도와 신부인 영혼이 나누는 사랑의 입맞춤에 있다고 보았으며, 구유에 누운 아기 예수와 십자가에 달린 고통받는 예수의 인성을 깊이 묵상할 것을 강조했다. 이러한 '예수 중심의 신비주의'Jesus-mysticism는 중세 후기 프란치스코회 영성과

211

근대 경건주의에 지대한 영향을 미쳤다.

주요 저술로는 사랑의 단계적 상승을 다룬 『하나님을 사랑하는 것에 관하여』 *De diligendo Deo* 와 영혼과 하나님의 신비적 합일을 노래한 중세 신비 문학의 최고봉 『아가서 설교』 *Sermones super Cantica Canticorum* 등이 있다.

❖ 아빌라의 테레사 Teresa of Avila, 1515-1582

아빌라의 테레사는 스페인의 로마 가톨릭 수녀이자 신비가, 수도회 개혁가다. 1970년 교황 바오로 6세에 의해 시에나의 카타리나와 함께 여성으로서는 최초로 '교회 박사'를 수여받았다. 안락함에 젖어 있던 당대 수도회를 개혁하여 엄격한 봉쇄와 청빈을 지키는 '맨발의 가르멜회' Discalced Carmelites 를 창설했다.

스페인 아빌라의 유대계 개종자 집안에서 태어나 20세에 아빌라에 있는 가르멜 수녀원에 입회했다. 당시 수녀원은 세속화되어 사교 클럽과 다를 바 없었고, 그녀 역시 20년 가까이 평범하고 느슨한 수도 생활을 했다. 그러다 39세 때, 상처 입은 그리스도의 상 앞에서 회심하는 체험을 한다. 이후 1562년 엄격한 규칙을 따르는 '성 요셉 수녀원'을 세워 가르멜 개혁의 깃발을 올렸다. 이 과정에서 십자가의 요한을 만나 그를 영적 동반자이자 개혁의 동지로 삼았다. 이후 스페인 전역을 맨발로 누비며 17개의 개혁 수녀원을 설립했다. 서양 지성사에서 '내면성'Interiority을 발견한 선구자 중 한 명으로 꼽히며, 그녀가 쓴 글들은 세르반테스의 『돈 키호테』와 함께 스페인 황금기 문학의 정수로 평가받는다. 주요 저서로 『자서전』Libro de la Vida (분도출판사), 『영혼의 성』Las Moradas (바오로딸), 『완덕의 길』Camino de Perfección (바오로딸) 등이 있다.

❖ **십자가의 요한**John of the Cross, 1542-1591

십자가의 요한은 스페인의 가톨릭 사제이자 수도사, 시인이다. 1926년 교황 비오 11세에 의해 교회 박사로 선포되었으며, '신비적 박사'Doctor Mysticus라고 불리기도 한다. 아빌라의 테레사와 함께 맨발의 가르멜회를 창설했다. 스페인 폰티베로스의 가난한 가정에서 태어나 살라망카 대학교에서 철학과 신학을 공부하며 토마스 아퀴나스 사상과 스콜라 철학을 익혔다. 1567년 사제 서품을 받고 아빌라의 테레사를 만나 그녀의 수도회 개혁 운동에 합류했는데, 이는 기존 가르멜 수도회의 거센 반발을 샀고 1577년 반대파 수도사들에 의해 톨레도 수도원 감옥에 9개월간 감금되었다. 이후 목숨을 건 탈출을 감행한 그는 건강을 회복한 뒤 그라나다 수도

부록: 주요 인물 해설

원장 등을 역임하며 감옥에서 썼던 시들에 대한 해설서 들을 본격적으로 집필했다. 이후에는 개혁 강경파의 핍박을 받다 1591년 세상을 떠났다.

모호했던 신비주의 체험을 스콜라 철학의 정교한 틀로 분석해 '신비 신학'을 학문의 반열에 올려놓은 인물로 평가받았으며 현대의 에디트 슈타인, 토머스 머튼, 요한 바오로 2세 등에게 지대한 영향을 미쳤다. 또한 스페인 문학사에서 가장 위대한 서정 시인 중 한 명으로 꼽힌다.

주요 저술로 『어두운 밤』*Noche oscura del alma*, 『가르멜의 산길』*Subida del Monte Carmelo*, 『영가』*Cático Espiritual*, 『사랑의 산 불꽃』*Llama de amor viva* (이상 기쁜소식) 등이 있다.

❖ **그레고리 딕스** Dom Gregory Dix, 1901–1952

그레고리 딕스는 성공회 사제이자 베네딕도회 수도사, 전례학자다. 20세기 전례 운동 Liturgical Movement 에 가장 큰 영향을 미친 전례학자로 평가받으며, 예배를 단순히 기도문의 나열로 보던 기존의 관점을 뒤집고, 예수 그리스도께서 최후의 만찬에서 행하신 행동의 구조로 재정의함으로써 현대 전례학의 패러다임을 바꿨다.

1901년 영국 울리치에서 태어나 옥스퍼드 대학교 머튼

칼리지에서 역사를 공부했으며, 1924년 사제 서품을 받았으나 학문의 소명과 수도 생활에 이끌려 성공회 베네딕도회 공동체인 내쉬돔 수도원에 입회했다. 51세의 젊은 나이에 암 선고를 받고 죽음이 임박한 순간까지 자신의 주석서 교정쇄를 검토하다 세상을 떠났다.

비록 후대 연구에 의해 그의 일부 역사적 고증이 수정되기는 했으나, 그가 제시한 이론은 오늘날 성공회 기도서뿐만 아니라 가톨릭, 개신교 등 서방 교회 전체의 성찬 개혁에 결정적인 이론적 토대를 제공한 것으로 평가받는다. 특히 "예배는 말이 아니라 행동이다"라는 그의 통찰은 여전히 전례학의 금과옥조로 남아 있다.

주요 저술로는 20세기 전례학의 교과서이자 고전인 『전례의 모습』*The Shape of the Liturgy*, 초기 교회 전례 문헌을 다룬 『사도 전승』*The Apostolic Tradition*, 그리고 초기 교회와 유대교의 관계를 다룬 『유대인과 그리스인』*Jew and Greek* 등이 있다.

❖ 디오클레아의 칼리스토스 Kallistos of Diokleia, 1934-2022

디오클레아의 칼리스토스는 영국 출신의 동방 정교회 주교이자 신학자다. 본명은 티모시 웨어 Timothy Ware 이고 칼리스토스 웨어라고도 불린다. 성공회 신자였으나 정교회로

부록: 주요 인물 해설

옮긴 뒤, 서구인들에게 낯설었던 동방 정교회의 신비 신학과 영성을 명쾌하고 아름다운 현대 영어로 번역하고 소개했다. 옥스퍼드 대학교 모들린 칼리지에서 고전학과 신학을 공부했고 학창 시절 정교회 예배의 아름다움과 깊이 있는 신학에 매료되어 1958년 성공회에서 정교회로 옮겼다. 이후 그리스 파트모스 섬의 성 요한 수도원과 예루살렘 등지에서 수도 생활을 했으며, 1966년 '칼리스토스'라는 수도명을 받고 사제 서품을 받았다. 1966년부터 2001년까지 35년간 옥스퍼드 대학교에서 정교회를 가르쳤고, 1982년 디오클레아의 주교로, 2007년에는 관구장 주교로 승품되었다. 2022년 8월 선종할 때까지 옥스퍼드에 머물며 저술과 강연 활동을 이어갔다. 이른바 '서방 정교회의 목소리'로 불리며 그가 남긴 저서들은 오늘날 영어권에서 정교회를 이해하기 위한 필독서로 꼽힌다. 또한 로마 가톨릭-정교회, 성공회-정교회 대화의 핵심 인물로 활약했으며 정교회 영성의 정수인 『필로칼리아』를 영어로 완역하는 기념비적인 과업을 수행했다. 주요 저서로 『정교회』*The Orthodox Church*, 『정교회의 길』*The Orthodox Way*, 『내면의 왕국』*The Inner Kingdom*이 있다.

영혼의 참된 자유

옮긴이의 글

여기, 20대를 보낸 한 젊은 학자가 있다. 그는 케임브리지 대학교를 거쳐 옥스퍼드 대학교에서 정교회 신학자 블라디미르 로스키에 관한 연구로 박사 학위를 받았다. 보통 이 시기에 영민하고 패기만만한 학자라면 학계에 파문을 일으킬 만한, 혹은 그런 가능성을 머금은 야심 찬 저술을 남기기 마련이다. 이 학자 역시 도발적인 책, 초기 교회부터 마르틴 루터, 십자가의 성 요한에 이르기까지 그리스도교 영성사, 혹은 신학사를 다시 쓴 책을 내놓는다. 제목 역시 범상치 않다. 그와 마찬가지로 웨일스 출신의 성공회 성직자이자 시인이기도 한 R. S. 토머스가 쓴 「로저 베이컨」의 한 구절을 빌린 『상처 입은 앎』The Wound of Knowledge이다.

그러나 통상 영민하고 총기 어린 젊은 학자가 지닌 패기와 야심은 여기서 멈추어 선다. 그는 정리되지 않은 흐름을 가지런하게 하거나 한눈에 전체 풍경이 들어올 수 있도록 렌즈를 확장하지 않는다. 동료 학자들을 놀라게 할 만한 새로운 사실을 제시하거나 압도적인 정보량으로 자신의 지적 역량을 과시하지도 않는다. 그보다 그는 '나의 하나님의 수난' 앞에서 언어를 잃고 갈팡질팡한 그리스도인들의 모습을, 그럼에도 단념하거나 멈추지 않고 자신들에게 들이닥친 진실을 흐릿하게나마 더듬어 가는 모습, 어설프게나마 그리려 한 풍경을 담아낸다. 구축하기보다는 허물어뜨리고, 선언하기보다는 더듬는 움직임. 이 책이 실제로 생각보다 더 큰 파장을 낳았다면, 그것은 열정 어리고 총명한 학자의 면모가 확연히 드러났기 때문이 아니라, 그 나이에 썼다고는 볼 수 없는 지혜와 통찰, 성찰적인 태도가 책 전체를 감쌌기 때문이다. 여기에는 하나의 질문이 있다. (십자가와 부활을 아우르는 그리스도의) 수난 passion 은 우리를 어떤 인간으로 다시 빚어내는가? 우리의 언어는 어떤 식으로 허물어지고 다시 세워지는가? 그리하여 하나님과 세계와 삶을 어떻게 바라보게 하는가?

그로부터 40여 년이 흘렀다. 그 사이 나이답지 않은 지혜를 발하던 청년은 그 지혜가 퍽 어울리는 노인이 되었다. 그동안 그는 자신이 공부했던 케임브리지 대학교와 옥스퍼드 대학교에서 신학을 가르쳤고, 몬머스와 웨일스 주교, 캔터베리 대주교를 지냈으며, 수백 편의 글을 썼고(아마도 이를 넘어서는 책을 읽고), 설교하고, 성찬을 집전하고, 전 세계를 누비며 사람들을 만나고 대화를 나누었다. 그렇게 강단과 제대와

영혼의 참된 자유

사회를 순례한 그는 이제 동방 수도 영성에 관한 책을 내놓는다. 분량은 한결 얇고, 문체는 부드러워졌다. 젊은 시절 그가 영성사에 이름을 아로새긴 이들의 분투를 추적했다면, 이제 그는 그 전통 중 일부가 발견한 지혜를 들고 한 인간의 내면 깊은 곳으로 걸어 들어간다. 질문은 동일하다. 수난은 우리를 어떤 인간으로 다시 빚어내는가? 우리의 언어는 어떤 식으로 허물어지고 다시 세워지는가? 그리하여 하나님과 세계와 삶을 어떻게 바라보게 하는가? 동일한 질문을 붙들되 이제 그는 성장과 성숙에 주목한다. 상처 입은 앎을 지니게 된 자가 타인, 세계와 부대끼며 나아가는 모습을 다루는 것이다. 지난 40여 년의 세월을 본인이 반추하기라도 하듯.

그렇게 나아가는 순간, 삶을 겪어 내는 순간 '나'는 내 속에서 일어나는 무수한 충동들을 마주하게 된다. 동방 수도 전통에서는 이 충동들을 (공교롭게도 수난passion과 단어가 같은) 정념passion들이라고 불렀고 탐식, 색욕, 탐욕, 분노, 낙심, 무기력, 허영, 교만, 이렇게 여덟 가지로 제시했다. 어떻게 보면 이는 서방 교회에서 이야기한 '일곱 가지 죽음에 이르는 죄', 곧 칠죄종과 상당히 유사하다. 이 목록들은 우리가 피해야 할 죄의 목록처럼 다가오기 마련이고, 실제로 서방 교회는 오랜 기간 그렇게 여겼다(때로는 그로테스크한 그림으로 묘사하기도 했

옮긴이의 글

다). 하지만 그는 이 정념에 관한 이야기를 시작하면서 처음부터 그런 독법을 거부한다. 그는 정념들을 살피는 동방 수도자들의 논의를 찬찬히 살피며 그들의 관심이 죄악의 분류가 아니라 인간 내면에서 일어나는 충동들이 어떻게 움직이고 얽히는지에 관심을 두면서, 정념은 독립된 죄목이 아니라 외부와 상응하는 가운데 서서히 일어나 서로를 먹여 살리면서 나와 이웃, 그리고 세계를 보는 눈을 가리는 일종의 망과 같음을 드러낸다. 그리고 그 뿌리는 하나다. 세상을 통제하고, 타인(여기에는 하나님도 포함된다)을 도구로 삼아 기어이 내가 우주의 중심이 되겠다는 환상. 정념들은 그 환상이 뒤집어쓴 각기 다른 가면들이다.

이 시선에 분노는 내 뜻대로 굴러가지 않는 세상을 향한 항거다. 탐식과 색욕은 피조물로 존재의 밑 빠진 독을 채우려는 몸부림이다. 낙심은 안절부절못하면서도 동시에 무감각해진 상태, 세상 어디에서도 안정을 느끼지 못한 채 부유하는 마음이다. 무기력은 삶이 황량하다는 인식에 압도당해 나른하게 백기를 드는 행위다. 허영은 어떤 식으로든 남과는 다르게 자신을 세우려는 움직임이고 교만은 내가 하나님께 전적으로 의존하는 피조물이라는 진리를 외면하는, 뿌리 깊은 경향이다. 이를 짚어가는 그의 어투는 친절하고 따뜻한데, 하나

영혼의 참된 자유

의 정념을 제시한 뒤 이를 하나씩 더 파고 들어가는 시선은 깊다. 그러면서도, 동방 수도자들에 대한 기존의 인식을 깨고, 그들이 실제로 본 것을 보여주려는 40여년 전의 모습은 여전히 사라지지 않았다. 그리고 여덟 가지 정념들에 대한 소개를 마친 지점에서 책은 움직임을 바꾼다.

그는 그 정념들을 예수의 팔복과 나란히 겹쳐 놓는다. 그의 시선에 정념이 여덟 가지이며 그리스도께서 제시한 복 역시 여덟 가지라는 점은 우연이 아니다. (이 대응이 절대적인 정답은 아닐 수 있다고 겸손하게 단서를 달아 두지만) 실제로, 주님께서 겪으신 절정, 곧 수난에 들어가시기 전에(혹은 수난으로 내려가시기 전에), 산에 올라 팔복을 선포하신 것은 우연이 아니다. 아마도 그분은 자신을 따르고자 하는 이들이 삶을 '겪으면서' 불가피하게 마주하는 이런저런 충동들을 어떻게 직시하고 다스려야 하는지를, 거기에 잠식되지 않으면서 참 인간됨의 성숙에 이르는 길을 보여주려고 하셨는지 모른다.

"마음의 가난함"은 교만에 대한 응답이다. 교만의 본질은 우리 존재의 뿌리가 하나님께 있다는 사실을 외면하는 것이다. 어떤 성서에서는 이 구절을 "하나님이 필요하다는 사실을 아는 이들은 행복하다"고 옮겼듯, 마음의 가난, 심령의 가난은 결핍이 아니라 지극히 정직한 자기 인식이다. 무기력

옮긴이의 글

을 깨뜨리는 응답은 "애통함"이다. 무기력은 삶이 황량하다는 인식에 압도당해 현실에서 (그리고 자신에게서) 등을 돌리는 것이다. 이와 달리 애통은 상실을 있는 그대로 아파하며 슬퍼한다. 그리고 그렇게 세상과 연결된다. 분노와 대결을 벌이는, 혹은 다스리는 복은 "온유함"이다. 분노가 (많은 경우) 세상이 내 뜻대로 되어야 한다는 주장이라면, 온유함은 통제하려는 조바심에서 벗어나는 것이며, 타인이라는 현실 앞에 차분하게 깨어 있는 태도다. 탐식에 대한 응답은 "의에 주리고 목마른 것"이다. 탐식에 빠진 자가 자신의 필요만을 채우려는 충동에 휩싸인다면, 의에 주리고 목마른 이는 그 시선을 자기 너머 세상의 안녕과 정의로 돌린다. 허영에 대한 응답은 "평화를 이루는 것"이다. 허영은 제로섬의 논리로 세상을 바라보고 어떤 식으로든 그 속에서 자기 몫을 더 많이 차지하려 하거나 자신의 영토를 늘리려 하는 것이다. 평화는 그러한 논리에서 벗어나 한 사람의 거룩함이 모두에게 선물이 되는 공동체의 전망을 새긴다. 마지막으로, 절망에 대한 응답은 의를 위해 박해를 받는 것이다. 절망이 현실의 고통 앞에서 하나님 나라의 가능성을 포기하게 만든다면, 이 마지막 복은 바로 지금 여기서 의를 위해 고통받는 이들에게 그 고통이 헛되지 않음을 선언한다(그리고 의미심장하게도 이 선언을 마치신 뒤에 주님

영혼의 참된 자유

은 산 아래로 몸소 자신을 내어 수난을 감내한다).

　각각의 복은 해당 정념이 움켜쥔 방향을 전환시킨다. 정념이 우리를 안으로, 자기 자신에게로 구부러지게 만드는 힘과 성향이라면, 팔복은 그 구부러진 방향을 펴서 하나님과 타인을 향해 열리게 하는 힘이다. 이러한 맥락에서 신앙이 자라는 길, 성령과 함께하는 삶은 방향을 돌리고 새롭게 보이는 풍경을 몸과 마음에 새기는 것, 그리고 자신을 돌이켜 그 빛을 반영하는 투과체로 만드는 길에 다름아니다. 동방 수도 전통에서는 그 길의 종착지를 '무정념'apatheia이라 불렀다. 이는 감정이 메말라 버린 상태가 아닌, 삶에서 하나님의 생명을 닮아 가는 역동적인 운동이자 그 결과다. 하나님을 언어로 소유하려는 시도를 내려놓는 앎의 겸손이 부정신학이라면, 무정념은 피조물을 통제하려는 욕망을 내려놓는 삶의 겸손이다. 이 둘은 결국 한 몸이다. 젊은 날『상처 입은 앎』에서 추적했던 부정의 길은 이제 내면과 현실을 두루 살피는 실천의 언어로 변모한다. 이 전환은 필연적으로 바깥을 향한다.

　『상처 입은 앎』을 써낸 청년은 우리가 얼마나 쉽게 하나님 대신 우리가 만들어 낸 하나님 상을 고집하는지, 치유라고 믿었던 것이 얼마나 자주 (성장을 가능케 하는) 상처의 회피였는지를 가감 없이 직시했다. 그렇게 '나'는 허물어진다. 그렇

옮긴이의 글

다면 이제 '나'는 어떻게 살아가는가? 이 책 『영혼의 참된 자유』는 바로 그 질문에 응답하려는 시도다. 이제 그는 정념의 지도를 펼치고 팔복의 나침반을 건네며 상처 입은 앎을 지닌 채 방향을 잡아가는 법을 함께 더듬어 가자고 독자를 부른다. 응답은 홀로 완성할 수 없기 때문이다. 『상처 입은 앎』이 "우리는 아직(혹은 여전히) 모른다"고 나직이, 하지만 단호하게 이야기했다면, 『영혼의 참된 자유』는 "그럼에도 우리는 걸어간다"고 고백한다. 그렇게 두 권의 책은 하나의 삶을 이룬다.

젊은 학자가 허물어뜨리고 더듬어가는 방식으로 영성사를 다시 쓰겠다는 역설적인 야심을 품었을 때, 그 야심이 어디까지 닿을지 그 자신도 몰랐을 것이다. 이제 우리는 안다. 그 야심은 40여 년이라는 시간을 가로질러, 동방 수도 전통의 지혜를 손에 들고, 한 사람의 내면 깊은 곳으로 걸어 들어가는, 그리고 충동들로부터 자유케 되어 타인과 세상을 섬기는 노신학자, 성직자의 모습으로 드러났다. 어느덧 온유함이 얼굴에 배인 그, 로완 윌리엄스가, 이제 우리에게 묻는다. 수난passion은 당신을 어떤 인간으로 빚어내고 있습니까? 당신은 어떠한 길로 나아가고 있습니까?

민경찬